프로야구 레전드 1

타격의 달인
장효조

* 이 책을 만드는 데 도움을 주신 장효조 선수의 가족(강경화, 장의태)과 임호균 선생님, 일구회 구경백 사무총장님, 장원우 사진작가님, 스포츠온 김대호 편집국장님, 김은식 작가님께 깊은 감사의 마음을 전합니다.

* 이 책 표지와 본문에 사용된 사진은 해당 저작권자와 계약을 맺고 사용한 것으로 저작권법에 의해 보호를 받는 저작물이므로 무단 전재와 복제를 금합니다. 이 책 내용의 전부 또는 일부를 이용하려면 반드시 저작권자와 한즈미디어(주)의 서면동의를 받아야 합니다.

프로야구 레전드 1

타격의 달인
장효조

최준서 지음

한스미디어

:: **차례**

책머리에 …………………………………………………… 10
추천의 글 …………………………………………………… 30
후추 키드의 추억 ………………………………………… 32

장효조 선수를 추모하며 ………………………………… 42

프롤로그 …………………………………………………… 52

The Big Bang – 1983년 …………………………………… 57
땅꼬마 장효조 …………………………………………… 64
대구상고 전성시대 ……………………………………… 74
우물 안 개구리 …………………………………………… 83
수위타자 장효조 ………………………………………… 91
트레이드 파동 – 열흘간의 각축전 …………………… 102
가장 위대한 타자 ……………………………………… 110

10년 전의 인터뷰 ·· 119
••• 2군 코치 ·· 126
••• 대구 ·· 130
••• 연습벌레 ·· 132
••• 장효조의 등장 ·· 143
••• 성인야구 ·· 147
••• 타격의 달인 ·· 158
••• 트레이드 ·· 166

에필로그 ·· 172

장효조와의 추억 | **임호균** ··· 177

어쩌면 장효조는 '시력'이 좋았던 게 아니라

'비전Vision'이 좋았던 사람이 아니었나 생각한다.

최고를 향해 완벽하게 몰입하던 이미지,

그것이 바로 그를 빛나게 한 비전이 아니었을까.

책머리에

후추닷컴 이야기

1999년 9월 9일, '대안 스포츠 웹진'을 표방하며 후추닷컴이 태어났다. 그때 내 나이 서른하나, 마음속에 '분노'가 참 많던 시절이었다. '황색 스포츠 언론'에 대한 분노와 매일 밤 스포츠뉴스 결과에 따라 일희일비-喜-悲하던 경박한 '스포츠팬'들에 대한 분노, 그걸 그저 순리라고 받아들이며 침묵하던 우리 모두에 대한 분노를 견디지 못한 우리들은 '인터넷 공간에서라면 작은 변화를 만들어낼 수 있을지도 모른다'고 생각하며, 안정적인 직장과 괜찮았던 '스펙'을 다 포기하고 가족과 친지, 지인들의 만류에도 불구하고 일을 저지르고 말았다. 개인적인 분노를 조금이나마 해소하고, 더불어 스포츠팬들의 인식 전환에도 일조할 수 있는 수단은 누가 뭐래도 후추닷컴 뿐이라고 생각했기 때문이다.

그리고 10년이란 세월이 훌쩍 흘렀다. 십여 명의 청춘들이 모여 하루하루 치열하게 열정을 남김없이 불사르던 시절은 지나가고 내 곁엔 어느덧 세 명의 아이들이 무럭무럭 자라고 있다. 그때나 지금이나 변하지 않은 사실이 한 가지 있다면, 검색창에 '후추 명전'이란 단어를 입력하면, 바다 위에 둥실둥실 떠 있는 부표처럼 그 시절의 흔적들을 어렵지 않게 발견할 수 있다는 것이다.

후추닷컴에서 가장 사랑받은 칼럼은 후추 명예의 전당이었다. 어린 시절 10년 넘게 미국 스포츠와 그들의 문화를 보고 자라온 탓인지, '스포츠 국보' '스포츠 유산'을 무관심하게 '방치'하고 있는 우리나라의 현실이 유감스러웠고 몹시 화가 났다.
후추 명전의 '헌액 기준'은 간단했다. 1. 언론의 부당하고 근거 없는 '난도질'에 의해 사라져 간 우리 스포츠 스타들의 명예 회복, 2. 올림픽 때나 잠깐 관심을 받던 스포츠 영웅들과 비인기 종목 스타들에 대한 재조명, 3. 잘못된 여론 형성으로 희생된 스포츠 스타들의 제자리 찾기. 대략 이런 정도의 틀에 맞춰 인물을 선정했고, 철저한 사전 조사를 거쳐 헌정의 글을 작성했고, 토씨 하나 놓치지 않고 녹취본을 그대로 정리한 '노컷 인터뷰'를 실었다. 무엇보다 독자들의 입에서 '으악' 소리가 나올 정도의 방대한 분량의 원고를 작성해 2주에 한 번씩 소개했다. 후추 명전의 헌액자들을 만날 때마다 그들의 입에서 '아니, 그런 것까지 어떻게 알고 있어요?'란 질문을 무수히 받았고, 편집되지 않은 그들의 생생한 답변 한마디, 한마디를 있는 그대로 들려주고 판단과 해석은 독자의 몫으로 맡기자는 원칙을 목숨처럼 지켰다. 후추 주방장이 되기 전 마케팅을 밥벌이로 하다 보니, 후추의 여러 가지 차별점 중에서 원고의 분량만큼은 절대 타협하지 말자는 약속을 세웠었다. 당시 고품격(?) 스포츠 콘텐츠에 목말라하던 스포츠팬들 입장에서 볼 땐, 읽어도 읽어도 줄지 않는 분량의 본문과 인터뷰로 '항복'을 외칠 수밖에 없게 만들자고 작정하면서 덤벼들었었다. 그렇게 격주에 한 번씩 우리 후추 주방의 '요리사'들은 참 맛있고 멋있고 색다른 정보를 만들면서 스포츠팬들의 허기를 달래주었다고 자부한다.

후추 명전 헌액자는 총 30명이었고, 그들을 '제대로' 알리기 위한 콘텐츠는 어림잡아 A4 용지로 최소 1,500여 장이 넘었다. 홍수환, 차범근, 김일 선수 같은 한 시대의 '아이콘icon'이었던 이들의 분량은 각각 100여 쪽에 달했던 기억이 난다. '그릇된 여론의 희생양'이었던 황선홍을 후추 명전의 첫 헌액자로 모시기 위해, 1999년 8월 오사카로 날아갔던 기억이 어제처럼 생생하다. 수없이 많은 비난의 화살로 멍들었던 그의 축구 인생을 재조명하기 위해 아는 사람 한 명 없는 그곳으로 달려갔다. '어떤 사람일까?', '잘 찾아갈 수 있을까?', '인터뷰를 잘해야 할 텐데……' 이런 생각들을 하며 비행기 안에서의 시간을 보냈었다.

오사카 나가이의 비즈니스호텔 로비에서 그를 처음 만났다. 첫인상은 '검다'는 생각부터 들었다. 새까맣게 탄 그의 얼굴과 반바

지를 입고 나온 그의 종아리가 무지하게 길다는 생각도 했다. 한 인 식당에서 맥주를 마시며 나눴던 이런 저런 얘기가 생각난다. 그에게는 산전수전 다 겪은 노병의 냄새가 배어 있었다. 일본 땅에서 차분하고 진솔하게 얘기하는 그를 보면서 미안하다는 생각이 들기도 했다. 그곳에선 마음이 오히려 편하다는 말에 잠시 할 말을 잊기도 했다. 마치 우리가 그를 일본으로 몰아낸 것 같은 생각이 들어서였다. '내 구역에 왔는데 내가 내야죠' 하며 황선홍에게 얻어먹었던 그 식당집 등심이 유난히 맛있었다는 기억도 난다. 그렇게 후추 명전이 시작되었다.

후추 명전은 대다수 독자에겐 잘 알려지지 않았지만, 스포츠를 '좀 안다는 사람'들에겐 빠르게 소문이 났다. 많은 독자들이 '나 혼자 알고 있는 보물덩어리'처럼 간직하고 싶어서 주위 사람들에게 알리고 싶지 않다는 매정한(?) 얘기를 자주 했었다.

3년 가까이 후추 명전을 내 보내면서 가장 보람 있었던 일은 단연코 '비인기 종목' 스타들과의 교감이었다고 자신한다. 박주봉

(배드민턴), 김진호(양궁), 김제경(태권도), 임계숙(필드하키), 강재원(핸드볼) 같은 '국제무대의 전설'이 내 집 앞마당에선 '머슴 취급' 받는 현실이 참으로 비통했다. 국민들의 무관심과 언론의 냉정함에 절망하던 비인기 종목 스타들이 대부분이었다. 우리 양궁의 원조 '신궁'이자 '무관의 여제'인 김진호 한국체육대학 교수를 섭외한 과정과 극적인 만남은 지금까지도 잊을 수가 없다.

1999년 12월 말. 연말연시로 온 세상이 들떠있고 일도 손에 잡히지 않을 때, 김진호 선수와의 인터뷰는 무슨 일이 있어도 12월 31일까지는 끝냈어야 하는 상황이었다. 며칠 동안 후추 스태프들이 인터뷰 섭외를 진행하고 있었고, 간간이 들려오는 중간보고에서 문제가 좀 있다는 얘기를 들었던 기억은 있었지만, 우리 스태프들의 '하면 된다' 정신을 믿고 있었던 나는 막연하게 성사되리라는 기대를 하고 있었다.

12월 31일 오전 후추 주방에 손님이 한 분 오셨던 것으로 기억하는데, 손님과 얘기하고 있는 내 옆에서 몇 명의 후추 주방 식구들이

웅성거리는 소리가 들렸다. 그리곤 "저~, 김진호 선수가요······." 인터뷰 섭외 문제 같았다. "김진호 선수와는 통화도 못 했고 그분 남편이랑 몇 차례 통화를 했는데 죽어도 안 하시겠데요······."

손님을 보내고 난 뒤 안 하시겠다는 이유에서부터 지금 김진호 선수가 계신 곳까지 본격적으로 질문하기 시작했다. 사태가 심각하다는 생각에 직접 김진호 선수와 통화를 시도했다. 대답은 역시 No였다. 남편과 상의할 시간을 달라면서 거부했다.

최악의 경우 김진호 선수 집 앞으로 가서 잠복이라도 할 작정이었지만, 사태는 다행히 곧 풀리기 시작했다. 문제는 인터뷰 장소였다. 연휴를 위해 경기도 용인으로 내려가는 중이라고 했다. 연말에 차 밀리는 건 애들도 다 아는 사실인데 날아서라도 용인까지 가야 했다. 하늘이 도우신 건지 2시간도 걸리지 않았다. 헐레벌떡 뛰어갔더니 김진호 선수 가족은 느긋하게 우리를 맞아 주셨다. 마치 '무슨 일 있으셨나요?' 하는 표정으로 말이다. 남편께서 후추닷컴에 미리 들어가 보신 후 '이 정도 사이트라면 해도 되겠다'라는 말에 인터뷰가 성사되었지만 정작 우리로선 피를 말리는 섭외 과정이었다. 정작 인터뷰는 그 어느 때보다도 화기애애하게 진행되었다. 대답도 성의 있게 해 주셨고 자료들도 많이 주셨다. 2000년 1월 4일, 김진호 선수의 명전이 세상에 알려지고 뜻밖의 이메일 한통을 받았다. 김진호 교수로부터였다.

"저보다 더 저에 대해서 많이 알고 계신 것 같습니다. 이런 좋은 글을 써 주신 분들에게 인터뷰 섭외 문제로 고생하게 만들어서 죄송합니다. 앞으로 제가 도와드릴 일이 있으면 언제든지 알려 주십시오. 감사합니다. - 김진호."

황선홍에서 시작되어 이충희로 막을 내린 후추 명예의 전당 앞마당이 아직까지도 '하드코어' 스포츠팬들의 추억의 한 귀퉁이에 남아있다는 걸 안다. 교수가 된 지 7년이 흐른 지금도 트위터(@aliphex)상에서 '반갑습니다, 주방장님!!' 하며, 문득 멘션을 보내오는 분들이 생각보다 참 많다. 10년 넘게 잊고 살아온 내 '과거'를 들추는 일에 잠시 당황하기도 하지만, 그 시절을 추억하는 계기를 만들어주는 고마운 분들이다.

그렇게 후추 명전을 빛내준 서른 명의 대한민국 '스포츠 국보' 중에 몇 명을 다시 독자들에게 소개하고자 한다. 세월이 훌쩍 흐른 지금 예전의 그 부족한 점 투성이의 원고를 다시 꺼내어 출간하는 용단을 과연 어떻게 내리게 되었을까? 그간 내 기억 속에 철저하게 묻어둔 채 살아왔던 후추닷컴을 운영하면서 느꼈던 환희와 보람 그리고 상처, 그 모든 것들을 재생시킬만한 이유나 명분이 과연 무엇인지에 대해 많은 시간 고민했다. 아마도 예나 지금이나 바뀌지 않은 개인적인 소망인 우리 스포츠 소비문화에 대한 변화가 가장 크게 작용했을 것이다. 후추닷컴을 처음 시작할 때 가슴 속에 품었던 그 분노가 사라졌을 즈음, 후추닷컴도 문을 닫게 되었다. 분노는 사라졌을망정 '변화'에 대한 갈증은 만족할 만큼 해소되지 않았기 때문에 글이 아닌, 교육, 연구, 봉사, 그리고 강의로써 우리 스포츠계에 아주 작은 변화를 도모하고자 했다. 그래서 학위를 얻었고 교수가 되었다.

　지난해 우리는 프로야구 출범 30주년을 맞았고 올해에는 관중 700만 시대를 곧 목격하게 될 것이다. 하지만 후추닷컴이 처음 이 땅에 발을 내디뎠을 때나 지금이나 '스포츠 유산'을 인정하고 대우하고 기억하는 시스템은 크게 달라지지 않았다.

　내 어린 시절 최초의 올림픽 영웅 양정모 씨의 금메달은 태릉선수촌 내 어느 진열장 귀퉁이에 별다른 설명도 없이 '전시'가 아니라 '보관' 되어 있다고 한다. 프로야구 명예의 전당을 건립하겠다는 얘기를 들은 지 몇 년이 지났는데 아직 첫 삽질조차 시작하지 못했다. 지난 몇 년간 스포츠 경영학을 전공하던 미국 제자들 20여 명을 인솔해서 88올림픽 기념관(방이동 올림픽공원 내 위치)과 같은 근사한 시설물을 견학하고 갔지만, 정작 국내 '스포츠팬'들은 그게 어디에 붙었는지도 모르는 사람들이 더 많은 실정이다. 정책 우선순위에서 밀리고, 정치적 이해관계에 밀리고, 이런저런 파벌 싸움에 밀리고, 대외 마케팅, 홍보력에서 밀리고…… 결국은 팬들만 각종 스포츠 문화적 혜택에서 희생되는 꼴이다.

의식 있는 팬들의 책임과 역할도 분명히 있다. 만약 장래 내 아들, 딸들 그리고 내 손주들에게 허재의 97-98시즌 챔프 결정 5차전, 그 기념비적인 '핏빛 투혼' 경기에 대한 자료조차 남은 게 없고, 81년 봉황대기 결승전 1회말 그 국민적인 '정적의 순간'에 대해 들은 바가 없으며, 77년 9월 15일 고상돈을 비롯한 18명의 '대한민국 에베레스트 원정대'의 쾌거에 대한 전설조차 남아있지 않다면…… 그건 분명 우리 세대의 책임회피요 직무유기이며, 그들에겐 더할 수 없이 잔인한 비극으로밖에 볼 수 없다. 스포츠산업이나 정치를 움직이는 것은 결국 수요와 목소리다. 팬들과 소비자의 폭발적인 수요가 있다면 그들을 충족시킬 상품과 서비스는 무조건 개발되게 되어있고, 국민의 하나 된 목소리가 높아질 때 정치인들은 귀 기울이게 되어있다. 그럼 우리가 할 일은 과연 무엇인가?

그 첫 단추는 바로 우리가 보유하고 있는 '스포츠 유산'에 대한 인식의 전환이다. 당장 눈앞에 보이는 국민적 스타만을 쫓는 것이 아니라, 그전에는 누가 어떻게 길을 터주었기에 저런 대스타가 탄생할 수 있었는지…… 앞으로 우리 모두의 '스포츠 경관sports landscape'을 변화시키기 위해 그 역사를 찾아 강산을 역행하며 답사해 보는 일만큼 우리만의 '스포츠 정서'를 견고히 만들어 주는 일은 없을 것이다. 주말 골퍼들의 예를 잠깐 들자면, 어렵사리 온 그린을 시켜놓고 공을 홀컵에 넣는 데에만 급급해서 몇 타 만에 온그린이 되었는지도 모르는 경우가 종종 있다. 그린 위 퍼팅이 끝나면 무조건 다음 홀에 대한 계획, 다짐, 오기만 충만할 뿐, 플레이를 마친 그 홀을 뒤돌아보는 경우는 거의 없다. 우리에겐 지금 바로 그게 필요한 것인지도 모른다. 퍼팅이 끝난 뒤, 방금 마친 그 홀의 티박스와 아름다운 페어웨이를 한 번쯤 뒤돌아보며 과연 어디서 잘 쳤고 어디서 망쳤는지 생각하는 여유와 성찰이 필요하다. 우리 고유의 스포츠 문화를 확립시키는 작업도 이와 다르지 않을 것이다.

'안 하느니 못한 것'이 바로 근시안적인 '땜빵 계획'이고 여론을 잠재우기 위한 졸속 행정이다. 그런 부분을 방지하기 위해선 팬들부터 열린 마음과 진지한 태도로 다수의 의견을 모아야 한다. 예컨대, 명예의 전당 하나를 건립하기 위해서도 향후 100년, 200년을 내다보고 스포츠팬들과 공유할 '스토리텔링'의 관점에서 의견을 모아야 할 것이다. 결코 '표심'을 얻기 위한 구상이 아닌, 국내외 '스포츠팬의, 스포츠팬에 의한, 스포츠팬을 위한' 국내 최고의 미래지향적이고 교육적이며 흥미로운 명소를 만든다는 목표를 포기하지 말아야 할 것이다. 그러기 위해선 스포츠팬들의 목소리와 우리의 수요가 커져야 하고 하나의 목소리로 두드리는 게 가장 중요하다. 참으로 건방지고 야무진 생각일지는 모르지만, 그런 맥락에서 후추 명전의 오래전 콘텐츠를 다시 살려보기로 했다. 미약한 글의 힘을 빌려서 우리 스포츠팬들의 관점을 바꾸고 의견을 모으며 목소리를 높이기 위해서 말이다. '우리 것'을 바로 알고, 바로 대접하며, 바로 보존해 나가기 위해서 말이다. 이 시대 소셜미디어의 확산력과 투명함을 통해서라면 어쩌면 가능할지도 모른다는 생각에 먼지 묻은 후추 명전의 커버를 다시 열어보기로 했다.

 이 책에 재생된 글들은 이미 십수 년 전에 생산된 콘텐츠이고 당시 내 신분은 교육자의 그것과는 너무나도 거리가 먼 상황이었다. 혹자는 '스포츠계의 딴지일보'라고 얘기하는 경우도 더러 있었을 정도로 지금 다시 보면 낯 뜨겁고 민망한 수준의 필체와 표현 방법이 많은 것이 사실이다. 그것 역시 시간의 흔적이고 이젠 돌이킬 수 없기에 대부분 살려두기로 했다. 당시 후추닷컴은 그 어떤 기존의 형식에도 얽매이지 않는 편집 방향에 충실했고 그것에 만족한다. 그저 지극히 '평범한 스포츠팬' 한 사람의 입장에서 쓴 글이었음을 감안하고 읽어주시기 바란다.

 후추닷컴을 떠올리면 생각나는 이름과 얼굴들이 참 많다. 가장 처음 '후추 정신'을 착상하는 데에 동참했던 코카콜라 마케팅 부서의 옛 동료들. 물심양면으로 도와주신 아버님과 친 형님. 그리고 후추와 함께 울고 웃으며 청춘을 투자했던 '소울메이트 soul mates'

후추 주방 식구들, 지금은 각종 '메인스트림mainstream' 스포츠 언론사나 스포츠 방송국 관계자로 성장한 수많은 후추의 촌철살인 칼럼니스트들, 그리고 그 외의 모든 '후추 키드'들.

후추닷컴의 본질은 '찬사Tribute'를 표하는 데에 있었다. 후추를 운영할 때에는 우리의 '스포츠 국보'에게 경의를 표하고 박수를 보냈었다. 이제는 그들에게 뒤늦은 인사를 하기 위해서 이 책을 출간하는 의미도 상당히 크다. '때론 따뜻하고 때론 후련하고 때론 예리하고 때론 어리석고 때론 엉뚱하고…… 하지만 언제나 인정 넘치고 배려할 줄 아는' 그런 후추의 '정신' 하나를 믿고 따라와 준 신뢰에 대한 인사. 그건 말하지 않아도 그들 모두가 알고 있다는 것을 난 안다.

후추를 통해 나에게 가장 큰 감명과 영감을 준 두 여인이 있다. 바로 나의 어머니와 작은 누나이다. 어머니는 당시 환갑이 넘은 연세였는데도 후추 명전이 격주에 한 번씩 나오면 꼭 그 긴 분량의 글을 출력해서 가져다 달라시며 돋보기 사이로 아들의 글을 읽으시곤 했다. 2주에 한 번씩 명전을 쓰고 나면 온몸이 만신창이가 되어서 새벽에 집에 들어오곤 했는데, 그럴 때마다 막내아들을 자랑스럽게 맞아주시던 내 어머니. 오늘날까지도 나와 스포츠에 대한 대화가 가장 잘 통하고 가장 깊이 있는 논쟁을 할 수 있는 내 인생 최대의 스포츠 '영감Inspiration' 이자 동반자인 우리 엄마. 이 책은 그녀에 대한 나의 가장 따뜻한 포옹이자 사랑이다.

아무도 후추를 모르던 시절. 수십 장의 후추 명전을 출력해서 핸드백에 넣고 다니면서 동네방네 자랑(?)하고 다니던 여인이 바로 내 작은 누이다. 내 평생 가장 든든한 후원자이자 팬이었던, 그런 나의 '왼팔'을 지난여름 불의의 사고로 잃게 되었다. 이 책의 두 주인공 장효조, 최동원이 우리 곁을 떠난 2011년 난 내 어릴 적 두 명의 우상을 잃었을 뿐 아니라, 내 '왼팔'을 잃기도 했다. 그래서 후추 명전에 이미 소개된 두 사람의 글을 세상에 다시 내놓을 용기를 갖게 되었다. 후추를 가장 좋아했고, 가장 자랑스러워

했으며, 후추의 종말을 나보다 더 가슴 아파했던 누이에 대한 나의 눈물, 입맞춤, 그리고 굿바이……. 수많은 사람의 얼굴에 미소를 남기게 한 사람들이 천당에 가지 않는다면 그건 '반칙'이라고 난 굳게 믿는다. 그곳에서 최동원의 '아리랑 커브'를 짧게 쥔 나무배트로 힘껏 잡아 당겨치는 장효조의 당찬 모습을 아주 가까이서 우리 누이가 박수치며 보고 있을 것을 난 안다. 두 사람의 후추명전을 쓴 사람이 바로 내 동생이었다고 소리 질러가면서 말이다.

2012년 8월

최준서

타격의 지존, 종결자, 달인, 진리……

그 어떤 표현으로도 충분치 않을 만큼

장효조의 타격 실력은 월등했다.

추천의 글

이태일 (NC 다이노스 대표)

누군가 그랬다. "하느님이 세상을 만드시는 데도, 일주일이 걸렸다"고. 아무리 전지전능한 존재라도 무언가를 이루려면 기다림의 시간이 필요하다는 의미일 게다. 그 말을 처음 들은 뒤부터, 늘 가슴에 새기는 말이다.

그러나 1년 전 이맘때, 나에게 그 말은 부질없었다. 9월 7일과 9월 14일. 그 '일주일' 사이에 한국 야구는 가장 위대한 타자와 투수를 잃었다. 절대자가 세상을 만드는 데 걸린 일주일이 기다림의 상징이었다면, 2011년 우리 야구가 장효조와 최동원을 떠나보낸 그 9월의 일주일은 그저 허망하고 덧없는 '이별의 상징'이었다.

  우리는 그렇게 속절없이 그들을 떠나보냈다. 그리고 우리의 기억 속에는 그들의 정교한 타격과 자신감 넘치는 직구의 아스라한 흔적만이 남았다.

  그리고 1년……. 여기 전설의 그들을 추억하는 의미 있는 '기억의 습작'이 있다. 저자는 그들이 꼭 최고의 기술을 가진 타자와 투수라고 말하지 않는다. 한국 야구의 가장 뜨거운 시대를 가장 절실하게 보낸 그들이, 우리 사회에 어떤 의미였는지를 생각하게 해 준다. 그들을 떠나보낸 지 1년 만에, 저자는 우리가 그들의 흔적을 찾아 허무하게 헤매지 않게 해 주었다. 우리 야구를 대표했던 타자와 투수를 차분히 기리며, 전설을 추억할 수 있는 문화를 시작해주었다. 부디 이 책이, 한국 야구 레전드를 예우하는 진실한 출발점이 되길 희망한다.

••• 후추 키드의 추억, 하나

정우영(MBC스포츠플러스 캐스터)

1998년 박세리가 맨발의 샷으로 US오픈을 정복할 때, 2000년 박찬호가 빅리그 타자들을 삼진으로 돌려세우며 메이저리그 18승을 기록할 때, 그들이 남긴 것은 단지 우승 트로피 혹은 18승의 기록뿐만이 아니었습니다. 박세리는 세리 키드를 남겼고 박찬호는 찬호 키드를 낳았습니다. 그들을 바라보고 성장한 세대야말로 진정 그들이 최고의 위치에 올랐던 증거이자 존재의 흔적이 아닐까 합니다.

그래서 고백합니다! 스포츠 캐스터 정우영은 후추 키드입니다.

후추닷컴을 처음 알게 된 것은 2000년 2월이었습니다. 입대 전엔 PC통신의 시대였는데 군 전역 이후 모든 것이 인터넷으로 바뀌었던 그때. 남들은 PC방에서 스타를 하고 리니지를 하던 그때 인터넷으로 다른 걸 할 줄 몰랐던 저는 친구들과 함께 간 PC방에서도 글을 읽었습니다. 글은 길면 길수록 더 좋았죠. 그러다 제 눈에 우연히 들어온 것이 바로 '후추닷컴'이었습니다. 특히 후추 명예의 전당에 첫걸음을 내디뎠을 때는 초등학교 시절 소풍 가서 했던 보물찾기에서 '1등'이라 적힌 쪽지가 제 발아래 놓인 걸 발견한 듯한 기분이 들었달까요?

후추를 통해 이름만큼은 너무나 익숙했던 영웅들의 새로운 모습을 발견했습니다. 그들이 이런 모습을 보일 수 있었던 이유는 그 이전까지 이런 시도를 하는 매체가 없었을뿐더러 언제나 후추가 영웅들에 대한 존경심을 품은 채 가식적이지 않은 직설적인 질문을 던졌기 때문이라고 생각합니다. 그러다 보니 후추를 통해 나타난 그들의 모습은 언제나 인간적이고 또 솔직했습니다.

공교롭게도 제가 캐스터가 된 이후, 후추는 게시판만 남긴 채 사라졌습니다. 하지만 제가 후추를 통해 느꼈던 많은 것들은 잊지 않고 방송을 통해서도 직접 실천하려 노력했습니다.

스포츠 캐스터 정우영은 후추가 존재했던 증거입니다. 그리고 후추의 팬이자 주방장님의 첫 번째 지지자로서 '후추닷컴 명예의 전당'의 부활을 알리는 이 책이 우리나라의 스포츠 레전드를 바라보는 시각을 조금이나마 '후추적인 관점'으로 바꿀 수 있기를 기대합니다.

••• 후추 키드의 추억, 둘

이광용(KBS 아나운서)

전설을 전설로 추억하니 이 또한 즐겁지 아니한가! 이 땅에서 방망이를 들었던 사람 중 공을 가장 잘 쳤던 타격의 전설이 바로 '장효조'이고, 가장 후련하게 공을 던지던 이가 투혼의 철완 '최동원'이었다.

'후추닷컴'은 또 어떤가? 스포츠에 미쳐 살았던 수많은 마니아들은 물론 지금 현장을 누비는 적지 않은 스포츠 종사자들에게 전설로 기억되는 공간이 바로 후추닷컴의 '명예의 전당'이다.

우리에게 가장 큰 기쁨과 감동을 주었던 스포츠의 전설들을 제대로 돌아보았던 후추 명예의 전당이 10년 만에 다시 세상과 만난다. 지난해 우리 곁을 안타깝게 떠나간 한국 프로야구의 전설적인 두 영웅 장효조와 최동원이 그 첫 타자다. 'hoochoo.com'에 들어가 밤을 새워 가며 명전을 탐독했던 '후추 키드'로서, 장효조의 아름다운 스윙과 최동원의 역동적인 투구를 사랑했던 야구팬의 한 사람으로서 이 책과 만나는 일은 감격 그 자체다.

감히 말씀드린다. 이 책을 그냥 지나치는 것은 '진짜 야구팬'의 자격을 놓아버리는 일이다. 전설을 추억하며 전설을 제대로 대접하는 길에 좀 더 많은 분들이 동행하길 진심으로 바란다.

••• 후추 키드의 추억, 셋

최민규(일간스포츠, 중앙일보 기자, 전 스포츠2.0 팀장)

최준서 교수와의 첫 만남은 2000년 어느 날 서울 관악구의 한 식당에서였던 것으로 기억한다. 유능한 마케터였던 그는 "새로운 온라인 스포츠 미디어를 만들고 싶다"고 했다. "스포츠판 딴지일보를 추구하시는 건가요?"라고 되물었다. 1998년 창간된 김어준의 딴지일보는 독특한 문투로 네티즌의 인기를 끌었고, 2000년에는 오마이뉴스가 '시민 기자'를 집필진에 넣는 아이디어로 등장해 주목받고 있었다. 최 교수가 말한 새 미디어도 뉴스 공급자 중심이 아닌 아마추어의 참여를 기반으로 하는 쌍방향 매체라고 생각했다.

처음엔 회의적이었다. 글쓰기 경험이 적고, 스포츠 현장에 깊숙이 참여해보지 못한 아마추어가 과연 경쟁력 있는 결과물을 만들 수 있을지 의문스러웠다. 정치나 사회가 아닌 스포츠 분야에서 기성 매체가 포괄하지 못하거나 배제하는 자발적인 고급 필자를 얼마나 확보할 수 있을지도 확신하기 어려웠다. 그때 미처 알지 못했던 건 스포츠를 바라보는 최 교수의 눈과 열정이었다.

얼마 후 최 교수는 '후추닷컴'이라는 이름으로 '새 미디어'를 창간했다. 최 교수의 첫 작품은 축구 선수 황선홍에 관한 심층 기사였다. 황선홍에 이어 복서 박찬희, 배드민턴의 박주봉, 농구의 허재 등으로 '명예의 전당'이라는 이름이 붙은 기획 시리즈가 이어졌다. 최동원과 장효조는 후추 명예의 전당 13번째와 19번째에 헌액된 이들이다. 그는 "미디어에 의해 쉽게 사라진 영웅, 미디어의 관심을 받지 못하는 비인기 종목 선수, 여론에 의해 희생된 선수의 제자리를 찾아주고 싶다"고 했다.

사람들은 왜 스포츠를 좋아할까? 거기에 스토리가 있기 때문이다. 최 교수는 방대한 자료 조사와 심층 인터뷰, 스포츠에 대한 열정을 바탕으로 잊혀지고, 왜곡되고, 때론 소외된 스포츠 스타에 관한 스토리를 재구성했다. 내용과 형식의 제한에 묶인 기존 미디어가 제대로 하지 못하던 작업이었다.

스포츠 기자 릭 라일리는 대학 졸업을 앞두고 지도 교수로부터 "스포츠보다 더 중요한 일을 해야 하지 않겠느냐"는 조언을 들었다고 한다. 라일리는 그 경험을 2007년 스포츠일러스트레이티드에 기고한 칼럼에서 다루면서 "귀하의 보스턴 레드삭스 기사를 두고 아버지와 대화를 했습니다. 5년 만에 처음인 부자간의 대화였습니다"로 시작하는 20대 청년이 보내온 이메일을 소개하고는 "교수님, 30년이 지났어도 제가 스포츠보다 더 나은 일을 할 수 있을 것이라곤 생각하지 않습니다"라는 말로 답변했다. 이것이야말로 스포츠의 스토리가 갖고 있는 힘이다.

10여 년 전 '후추닷컴'의 세례를 받은 스포츠팬은 행복했다. 2006년 주간지 스포츠2.0의 창간을 준비하며 "요즘 독자는 긴 글을 읽지 않아"라는 통념에 도전할 마음을 먹었던 건 최 교수와 후추닷컴의 영향이었다. 후추닷컴 이후 샌프란시스코 대학에 몸담았던 그는 올해 한양대학교 스포츠산업학과 교수로 한국 땅을 다시 밟았다. 최 교수의 넘치는 열정과 통찰력이 한국 스포츠 학계와 산업에 어떤 영향을 미칠 수 있을까? 이 책을 읽으며 그런 기대감에 부풀어 본다.

장효조 선수를 추모하며

2011년 9월 7일 오전 7시 30분. 대한민국 최고의 타자 장효조가 세상을 떠났다. 2개월 동안의 위암 투병 생활을 끝으로 그는 평안을 찾았다. 남기고 떠나는 가족들에 대한 미안함과 이루지 못한 꿈에 대한 아쉬움, 그리고 고통스러웠던 투병생활을 모두 뒤로 한 채 그는 하늘나라로 갔다.

스포츠 선수 가운데는 '운동을 잘할 수밖에 없게 들리는 특이한 이름'을 가진 선수들이 유독 눈에 띈다. 스포츠에 대한 열정과 관심이 '중증' 단계인 사람은 그런 이름을 가진 선수에 집착(?)하는 경향이 있다. 다른 성을 가진 동렬이도 많을 테지만, '선' 동렬이었기 때문에 타고난 괴물 투수였다는 생각이 들고, 점프하며 내려찍던 무시무시한 스파이크를 때리던 배구 선수 '강두태' 역시 강두'택'이었다면 인상적인 선수로 기억되기 어려웠을 것이다. 독특한 공격 스타일과 캐릭터, 헤어스타일까지 완벽하게 매치된 진짜 프로레슬러였던 '여건부'야 더는 말할 필요도 없다.

 그런 특별한 이름을 가진 선수 중에 나는 '장효조'란 야구 선수의 열렬한 팬이었다. 그의 얼굴도 알기 전에 그의 이름과 먼저 사랑에 빠졌다.

장효조張孝祚.

 한글도 다 떼지 못했던 초등학교 시절, 신문 스포츠면에 하루가 멀다 하고 단골로 등장하던 그 이름 덕분에 나는 '효'자와 '조'자가 어떻게 생긴 한자인지 배울 수 있었다.

 참 어렵지만 한 번 듣고 나면 평생 잊을 수 없는 이름을 가진 장

효조의 플레이를 처음 본 것은 그가 한양대에 진학한 뒤 백호기 대회에 출전했던 때인 것으로 기억한다. 이미 그전에 라디오 중계를 통해 대구상고 시절의 활약상은 들어왔지만, 그의 모습을 TV로 본 것은 백호기 대회가 처음이었다. 깡마르고 작달막한데다가 시커멓기까지 해 볼품이라곤 없었던 터라 첫인상은 실망스러웠다.

하지만 그때나 지금이나 그의 이름 말고 내가 사랑했던 다른 한 가지는 그의 스윙도, 수상 기록도, 백넘버 10번도 아닌 그의 눈이었다. 컨디션 좋은 날은 공의 실밥 개수까지 셀 수 있다던 그의 '전설적인' 선구안을 나는 사랑했다. 어쩌면 장효조는 '시력'이 좋았던 게 아니라 '비전Vision'이 좋았던 사람이 아니었나 생각한다. 최고를 향해 완벽하게 몰입하던 이미지, 그것이 바로 그를 빛나게 한 비전이 아니었을까.

요즘 야구팬들은 장효조의 대구상고 13년 후배인 양준혁을 우리 시대 최고의 타자로 꼽곤 한다. 개인적으로 양준혁은 타격 실력도 출중하지만, 그의 생명력, 요즘 말로는 '지속 가능성'을 더 높이 평가해야 한다고 생각한다. 오랫동안 잘하기는 참 어렵다. 하지만 타격 실력만큼은 양준혁보다 장효조가 더 나았다는 것이 나의 생각이다. 타격의 지존, 종결자, 달인, 진리…… 그 어떤 표현으로도 충분치 않을 만큼 장효조의 타격 실력은 월등했다. 양준혁 선수도 아마 이런 생각에 대해 동의하지 않을까 싶다.

우리는 대한민국 최고의 타격 실력을 가졌던 장효조를 너무 일찍 떠나보냈다. 한국 야구계와 후배들을 위해 그가 해야 할 일과 전수해줄 경험이 너무나 많았을 텐데 말이다. 천재 타자의 지식과 경험, 노하우를 많은 후배들에게 온전히 전하지 못한 채 그를 떠나보내게 한 것은 비단 우리 야구계뿐만 아니라 국가 차원의 손해라고 말해야 할지도 모른다.

그러나 요즘 야구팬들은 장효조가 우리나라를 대표하는 보물 타자였는지 잘 모르고 있기 때문에 그의 죽음에 대한 허탈감이 훨씬 덜한 것도 사실일 것이다.

장효조가 떠났다는 소식을 들은 날 나는 바다 건너 미국 샌프란시스코 대학에 몸담고 있었다. 그래서 장효조의 죽음을 애도하며 그의 화려한 야구 인생에 큰절을 올릴 수 있는 방법이 제한적이었다. 하지만 왠지 모르게 무엇인가 꼭 해야 한다는 책임감을 느꼈다. 그래서 페이스북에 장효조 선수를 추모하는 페이지를 만들었고, 그를 추모하는 동상을 건립하자는 의견을 냈다. 알고 지내는 언론인 한 분이 인터넷 뉴스를 통해 나의 의견을 기사로 실어 주었고 며칠 사이에 100여 명이 추모 페이지에 지지 의사를 보내주었다. 그리곤 그게 전부였다. 외국에 있다 보니 현지에서 유가족들을 만나고 KBO나 구단 관계자들과의 의견을 나눌 실무진이 필요했는데, 나의 추진력 부족과 사람들의 관심 부족으로 추모 동상 건립에는 더 진전이 없었다.

플레이오프 경기를 치르던 삼성 구단 측에서 고인의 아들에게 시구를 던지게 하고 선수들에게 추모 패치patch를 착용하게 했던 것이 현장에서 이루어진 추모행사의 거의 전부였던 것 같다. 개인적으로 예상했던 수준과 크게 다르지 않았다.

그가 뛰었던 대구상고(현 대구 상원고)와 한양대 야구장을 '장효조 필드'라고 명명하고, 한참 늦기는 했지만 지금이라도 삼성 구단은 영구결번시킨 백넘버 10번을 그의 것으로 되돌리고, 프로야구 수위타자에게 수여하는 '장효조 타격상'을 KBO에서 제정하는 수준의 추모 물결이 일어야 마땅한 게 아닐까 생각해본다. 이런 생각을 하는 사람은 정녕 나 혼자뿐인 것일까?

안타깝고 답답한 마음을 금할 수 없지만, 지금도 늦지 않았다고 생각한다. 이제 야구팬들의 힘을 모아야 할 때이다. 우리에게 삶의 희로애락을 느끼게 해주었던 스포츠 스타들에게 그에 합당한 대우를 해주어야 한다. 언젠가 장효조는 말했다. '스포츠 선진국에서는 은퇴한 스포츠 스타를 국가원수 이상으로 대우해준다'고. 죽을 때까지 그렇게 대우해 주느냐는 내 질문에 그는 이렇게 덧붙였다. '죽은 다음에도 그렇게 해 준다'고. 그렇다. 살아생전 못 해줬다면, 죽은 다음에라도 대접해줘야 마땅하다.

이 작은 책이 장효조를 잘 모르는 세대에게 그의 진면목을 전함으로써 그의 업적에 걸맞은 추모의 자리를 함께 마련하는 계기가 되었으면 한다.

난쟁이 똥자루만 한 키에 마를 때로 말랐던

부산 꼬맹이 장효조는 '야구가 하고 싶다'는 꿈 외엔

아무것도 가진 게 없는 아이였다.

프롤로그

　대다수 스포츠팬들은 '천재'라고 불리는 선수들의 이름을 그저 기억하고 있을 뿐, 그들이 어떤 과정을 통해서 '천재' 소리를 듣게 되었는지에 대해서는 제대로 관심을 기울이지 않는 것 같다. '천재'라는 칭호를 얻기까지 그들이 쏟아 부은 뜨거운 열정과 피나는 노력, 그리고 자신과의 처절한 싸움에 관한 이야기를 들을 때마다 그들에게 주어진 '천재'라는 수식어가 불공평하다는 생각이 든다. 그들이 어떤 노력을 쏟은 뒤에 천재의 반열에 올랐는지 그들의 인생 역정과 성공에 이르는 과정을 상세히 알고 난 뒤에는 '천재'라는 말보다는 오히려 '프로'라는 단어가 그들에게 깊은 의

미를 부여하는 합당한 수식어라고 생각하게 될 것이다.

'한국의 장훈', '타격의 달인', '부챗살 타법', '안타 제조기', '타격의 교과서', '영원한 3할 타자'…… 야구인 장효조를 수식하는 말들은 수없이 많다. '타격' 하면 장효조였고, 아무도 이 말에 꼬리표를 달 수 없었다. 그는 한국 야구계가 낳은 최고의 타격 천재였다. 이런 단순하고 뻔한 사실을 굳이 다시 한 번 강조하는 이유는 장효조란 인물을 통해서 소위 '천재'가 어떻게 탄생하는지 사람들에게 알려주고 싶기 때문이다. 장효조가 타격 천재로 불리기까지 묵묵히 노력한 열정에 비하면 '천재'라고 하는 선천적 재능에 대한 과찬이 담긴 말은 분명 잘못되었다고 생각한다. '천재 타자' 장효조는 절대 타고난 것이 아니라 만들어진 것이기 때문이다.

난쟁이 똥자루만 한 키에 마를 때로 말랐던 부산 꼬맹이 장효조는 '야구가 하고 싶다'는 꿈 외엔 아무것도 가진 게 없는 아이였다. 그의 야구 인생은 '차포 떼고 시작한 장기'처럼 남들보다도 훨씬 불리한 조건에서 시작되었다. 그는 고등학교 1학년 때까지 '벤치 워머Bench Warmer' 신세를 면하지 못했고, 전국대회에 출전하는 동년배 친구들을 다른 일반 학생들과 똑같이 운동장 너머 먼발치에서 부러워해야 했던 평범한 '후보 선수'에 불과했다. 그랬던 그가 명실공히 대한민국 최고의 타자로 거듭나기까지 어떤 노력과 오기와 눈물을 숨기고 있었을지 감히 상상이 가질 않는다.

장효조의 '신들린 방망이' 뒤엔 '신이 내린' 선구안이 있었고, 그의 세밀한 '스프레이 히팅Spray Hitting' 뒤엔 천하장사급 파워가 있었다. 야구 배트를 마치 탁구 라켓 다루듯 휘둘렀던 그만의 스윙…… 과거에도 그렇고 지금까지도 그보다 정교한 스윙을 보여준 선수는 없었다.

정성룡, 조용호, 박종훈, 박노준, 이정훈, 양준혁, 김재현, 강혁, 이병규, 봉중근, 신민기…… 왼손으로 배트를 휘두르는 '호타

준족'의 교타자라는 공통점을 가지고 있는 선수들이다. 하지만 이들의 가장 큰 공통점은 바로 한때 '제2의 장효조'라는 최고의 찬사를 받았다는 점이다. '제2의 장효조' …… 앞날이 창창한 젊은 야구 선수들에게 그 얼마나 가슴 벅차고 심장 뛰는 비유란 말인가? 뜨거웠던 1973년 어느 여름날 이후, '제2의 장효조'란 표현은 대한민국 야구사와 각종 언론의 한 귀퉁이에서 마치 전통처럼 끈질기게 이어지고 있다. 여태껏 그래 왔듯이 앞으로도 수많은 야구 유망주들이 '제2의 장효조'라는 수식어의 주인공이 될 것이다.

아마도 젊은 야구팬들은 '제2의 장효조' 칭호를 받은 선수들에 대해서는 잘 알고 있을지 몰라도 정작 그 수식어를 낳은 주인공에 대해서는 먼 과거의 신화 정도로만 짐작하고 있을지도 모른다. 그런 이들에게 대한민국 야구계의 아름다운 전통을 만들어낸 장본인인 장효조와 그의 전설에 대해 알려주고 싶다. 이제 다이아몬드를 '펄펄 날았던' 장효조의 그림자를 함께 쫓아가 보자.

The Big Bang
−1983년

타율 .369(1위), 안타 117(1위), 홈런 18(4위), 득점 61(2위), 타점 62(3위), 도루 22(4위), 출루율 .475(1위), 장타율 .618(1위). 1983년, 장효조가 한국 프로야구사에 처음 남긴 기록이다.

7년 동안 국가대표 주전 외야수로 활약했던 스물여덟 살의 '중고 신인' 장효조는 우리 야구사에 한 페이지를 장식했던 1982년 서울 세계 야구 선수권 대회 우승 멤버의 일원으로 뛴 후 프로 진출과 아마 잔류의 갈림길에서 많은 고민을 하였다. 많은 야구팬들은 1982년 12월 경리단(육군) 제대와 동시에 장효조가 프로 무대에 데뷔할 것으로 생각했지만, 정작 본인은 이때 미국 이민을 심각하게 고려하고 있었다.

고등학교 때부터 야구인으로서 누릴 수 있던 모든 영광을 경험했던 그는 아직 불투명해 보이는 프로 생활이 불안했고, 무엇보다도 '다른 일을 해보고 싶은 욕심'이 있었다. 당시 많은 선수들은 야구 선수의 수명을 30대 초반까지로 생각하고 있었다. '잘해야 3~4년' 성공하기 위해서 프로 리그라는 생소하고 치열한 세계에 뛰어들 엄두가 나지 않았다. 그야말로 '잘해야 본전'이란 생각이 들었던 것이다. 장효조는 그럴 바엔 더 늦기 전에 사회인의 길을 개척하기 위해 '기회의 땅'이라고 일컬어지던 미국에 이민 가는 것에 더 큰 관심을 보였다. 대표 선수 시절 숱한 해외 원정 경험을 한 터라 미국이란 나라에서 산다는 것이 그리 두렵지 않았다. 더군다나 결혼한 지 6개월도 안 된 '새신랑'이었기에 미지의 세상에서 새로운 인생을 출발하고 싶다는 생각이 강했다.

경위야 어찌 되었든 장효조의 프로 선언은 남들의 생각만큼 순탄치 않았다. 일부 언론으로부터 '몸값을 올리기 위해서 늑장을 부린다'는 비난도 들었지만, 당시 장효조가 가장 크게 갈등했던 요인은 바로 '나무 배트 적응 문제' 때문이 아니었나 싶다.

장효조가 누구인가? 십수 년간 알루미늄 배트를 마치 나무젓가락 가지고 놀 듯 자유자재로 휘두르던 타격의 달인이 아니었던가? 그런 그에게도 나무 배트는 아직 경험해보지 못한 '미지의 세계'와도 같았다. 게다가 구단과 팬들은 그 배트를 들고 나가 매번 안타를 치라는 주문을 해댈 것이 뻔했다. 장효조는 그런 앞날이 내심 불안했을 것이다.

삼성 라이온즈의 이건희 당시 구단주까지 개입했던 장효조 스카우트전은 결국 계약금 4천만 원, 연봉 2천4백만 원이란 파격적인 조건으로 성사되었고, 장효조는 대구상고 졸업 후 8년 만에 다시 대구의 품으로 돌아온다.

많은 사람들이 기대했던 아마추어 야구계 최고의 타자 장효조의 프로 데뷔는 1983년 4월 3일 해태 타이거즈와 격돌한 광주 개막 경기에서 이루어졌다. 7회초 세 번째 타석에 들어선 장효조는 해태 선발 주동식을 상대로 좌중간을 뚫는 2루타를 날리면서 그의 프로 선수 첫 안타를 기록했다. 장효조의 프로 통산 1,009개의 안타 중에 첫 번째 안타는 그렇게 탄생했고, 전기 리그를 마칠 때까지 그는 3할 8푼을 때려냈다. '역시, 장효조'란 말은 이때부터 나돌기 시작했다.

세계 정상급 복서들은 말한다. '세계 타이틀에 도전해서 왕좌에 등극하는 것보다 타이틀 방어전이 더 힘들고 정신적으로 괴롭다'라고 말이다. 타격왕으로 불리던 장효조는 프로 무대에서 성공적으로 타이틀을 '방어'했다. 타격 4관왕(타율, 장타율, 출루율, 최다안타)에 골든글러브상까지 수상한 장효조의 데뷔 첫해 성적은 모든 사람의 기대치를 훨씬 뛰어넘은 것이었다.

열성 야구팬들을 위해 장효조의 1983년 시즌을 자세히 해부해 보자.

타율, 타점, 홈런 등의 단순한 데이터에 설득되지 않는 야구팬들은 흔히 미국 워싱턴 포스트 지의 야구 담당 기자였던 토머스 보스웰이 창안한 '평균합계법(TA)' 수치와 빌 제임스의 '득점창조력(RC)'에 따라 선수들을 평가한다.

TA는 총 진루수를 총 아웃수로 나눈 것으로 '루타수+도루+사사구'를 '타수-안타+도루사+병살타'로 나누면 된다. TA 수치가 1,000 이상이면 대부분 슈퍼스타 대열에 끼게 되는데, 1983년 장효조의 TA 수치는 무려 1,382였다. 2위였던 해태의 김봉연이 957이었고, 3위 삼성의 이만수는 927에 불과했다.

제임스의 RC 방식은 득점에 중점을 두고 공격력을 측정하는 것인데, '(안타수+포볼수) × 루타수'를 '타수+사사구'로 나눈 것이다. RC에 의한 공헌도를 살펴보면 장효조의 83년도 수치는 93.1이었고, 2위 이만수의 수치는 75.1이었다.

그 어떤 측정치에 의거해서 분석하더라도 장효조의 83년 시즌 성적은 '마술' 과도 같았다.

 장효조의 프로 첫해 성적을 확인하면서 다시 한 번 경악을 금치 못하게 하는 데이터는 바로 '대 좌완 투수 성적'이다. '좌타자는 좌완 투수에 약하다'란 속설을 비웃듯 장효조는 '좌완 투수 대비 타율'이 3할 8푼 5리라는 기염을 토했다. 당시 프로 무대를 주름잡던 대표적인 좌타자인 윤동균의 '좌완 투수 대비 성적'이 2할 1푼 3리였고, 박종훈이 2할 8푼 4리였던 점을 감안한다면, 장효조를 '타격의 달인'이라 판정할 근거는 명확해진다.

 이런 기록에서 증명되듯 장효조의 프로 무대 출현은 타의 추종을 불허하는 '빅뱅Big Bang'이었다. 장효조를 향한 구단, 언론, 그리고 팬들의 기대는 상상을 초월했지만, 그는 보란 듯이 그것을 뛰어넘었다.
 비록, 팀의 부진으로 인한 서영무 감독의 도중하차(83년 5월), 그리고 '너구리 투수' 장명부 공략 실패(전기 성적 15타수 1안타, 후기 성적 5타수 4안타) 등이 83년 시즌의 몇 안 되는 '옥에 티'로 남았지만, 장효조의 프로 데뷔는 야구계에 핵폭탄과도 같은 충격을 몰고 왔으며 프로 리그에 걸맞은 타격의 새로운 경지를 팬들에게 선보였다고 평가할 수 있다.

땅꼬마 장효조

장효조는 1956년 7월 6일, 부산 동래구 안락동에서 출생했다. 조선 방직에 다니던 장중한 선생과 김정자 여사의 3남매 중 막내로 태어난 그는 한때 부산고등학교에서 야구 선수로 활약했던 작은아버지의 영향으로 야구를 처음 경험하게 되었다. 작은아버지를 따라 골목길에서 자연스럽게 캐치볼을 했고 이 순간부터 장효조의 야구를 향한 짝사랑은 십여 년간 지속되었다. 굳이 '짝사랑'이란 표현을 쓴 이유는 어린 시절 장효조의 야구 실력은 말 그대로 혼자 좋아하는 수준에 불과했기 때문이다. 당시 장효조의 야구 기량은 그리 대단하지 않았다. 아직 야구를 품에 안을 만큼 성장하지 않았다고 해야 할까?

 초등학교 3학년 때 장효조는 아버지의 사업 때문에 정든 부산을 떠나 대구의 삼덕초등학교로 전학을 가게 되었다. '골목 야구'를 즐기던 그가 진짜 야구를 발견한 시점이 바로 삼덕초등학교의 야구부원들이 훈련하는 장면을 목격하면서부터다. 그들이 입고 있던 근사한 야구 유니폼을 보면서 같은 유니폼을 입고 그라운드를 누비는 자신의 모습을 꿈꾸던 장효조에게 어느 날 '운명의 손짓'이 다가왔다. 당시 야구부 고참 선수 한 명이 훈련을 구경하던 장효조에게 글러브를 건네주며 같이 캐치볼을 하자고 제의했던 것이다. 혼자서 조용히 갈아왔던 '칼날'을 내보일 기회를 잡은 장효조는 유감없이 실력을 발휘했고, 이 선배의 권유와 추천으로 야구부에 입단하게 되었다(장효조에게 첫 야구 유니폼을 입혀준 선배는 LG 트윈스 감독으로 활약했던 천보성 씨다). 이런 기쁨도 잠시, 장효조의 작은 체구를 본 야구부 감독은 너무 어리고 약하다는 이유로 장효조를 며칠 만에 방출(?)했고, 그는 4학년에 올라가 정식 입단 테스트를 통과한 뒤에야 다시 유니폼을 입을 수 있었다.

　당시 불었던 야구 붐 때문에 대구 시내에는 초등 야구부가 있는 학교가 6개나 되었고, 삼덕초등학교는 그중에서도 항상 상위권에 진출하는 성적을 내는 학교였다. 5학년 때부터 주전 투수 겸 1루수로 각종 대회에 참여했던 장효조는 이렇다 할 성적을 내는 우수한 선수는 아니었다. 하지만 성적에 상관없이 그는 본인이 그토록 원했던 야구 선수의 삶에 흠뻑 빠져 살았다. 어린 나이에도 불구하고 매일 10Km가량 로드워크를 했고, 훈련을 마친 저녁에도 혼자서 스윙을 연습했다. 학교 공부는 밤늦게까지 보충했지만 신통치는 않았다고 한다. 이렇게 시작된 장효조의 야구 인생은 '작은 키' 때문에 또 한 번 좌절을 맛보게 된다.

　당시 경북중학교는 대구의 모든 '리틀야구 선수'들의 선망의 대상이었다. 그러나 경북중학교는 150cm도 되지 않는 작은 키를 이유로 장효조의 입학을 거절했다. 정작 장효조의 자존심을 건드린 건 입학 거절이 아니라, 뒤이은 경북중학교의 '기부금 입학 제의'였다. 앞문으론 입학하기 어려운 상황이니 돈을 좀 주고라도 뒷문으로 입학하라는 소리였다. 이 말을 들은 장효조의 부친은 펄쩍 뛰었고, '야구 선수로 뛰는 막내아들의 기를 그런 식으로 죽일 순 없다' 면서 길 건너 대구중학교로 장효조를 진학시켰다.

대구중학교 1학년 시절, 그는 난생처음 지독한 외로움을 맛보게 되었다. 아버지의 사업 문제로 다시 한 번 식구들이 서울로 이사하는 바람에 어린 장효조 혼자 '야구를 위해서' 학교 앞 하숙집에 둥지를 틀게 되었기 때문이다. 야구에 대한 애착 때문에 철없는 생각으로 내린 결정이었지만, 중학교 1학년이란 어린 나이에 가족과 떨어져 혼자서 생활하기에는 너무나 무시무시한 적적함이 그를 기다리고 있었다. 가족들을 생각하며 매일 밤 눈물을 흘려야 했고, 외로움과 '잡생각' 때문에 잠을 이루지 못했다. 장효조가 이를 극복하기 위해서 선택한 방법은 야구에 집중하는 일뿐이었다. 텅 빈 하숙방에 홀로 돌아와 쓸쓸한 밤을 보내기 싫어서 그는 배트를 잡았다. 야구 외엔 그 어떤 생각도 들지 않게 하려고 몸이 파김치가 되도록 훈련에 훈련을 거듭했다.

이 무렵 경북 고령에서 체육대학을 졸업한 구수갑 선생이 대구중학교 체육교사 겸 야구부 감독으로 부임했다. 장효조는 구 감독의 과학적인 트레이닝과 인성 교육을 계기로 야구를 바라보는 시야를 넓히게 되었다. 그때까지도 '작은 키'와 '체력 열세'를 이유로 별 볼 일 없는 선수 취급받던 처지였지만 야구에 대한 새로운 희망을 품고 그 어느 때보다도 훈련에 열중할 수 있었다.

선천적인 핸디캡 때문에 깊은 절망감에 빠지기도 했지만, 장효조는 이 역시 훈련으로 극복하려고 했다. 훗날 장효조의 트레이드마크가 된 매서운 눈빛과 어금니를 악문 표정은 아마도 이때부터 서서히 그의 한 부분으로 자리 잡은 게 아닐까 짐작해 본다. 밤늦게까지 혼자 남아서 타이어를 두드린 덕분에 학교 주변에 살고 있던 주민들의 원성이 자자했지만, 그에게 어지간한 '돌파구'는 보이지 않았다.

대구중학교 2학년 내내 후보 선수로 훈련에 임했던 장효조에게 절호의 찬스, 아니 어쩌면 일생일대의 기회가 주어졌다. 3학년에 진학하면서 대구중학교 야구부의 유일한 취약 포지션이었던 2루수 경쟁에 뛰어들게 된 것이다. 남들보다 체격이 작고 힘이 부족하니 당겨치는 타법 대신에 유격수 쪽으로 철저히 밀어치는 연습을 시도해 보라던 구수갑 감독의 지시에 따라 그는 겨우내 혹독한 훈련을 거듭했다. 안타제조기 장효조의 전매특허였던 '밀어치기 타법' 역시 이 시절부터 연마되었는지도 모른다. 야구 글러브를 낀 지 5년 만에 '왼손잡이 2루수'라는 웃지 못할 주전 자리를 확보한 장효조는 이 기회를 놓치지 않았다. 그해 서울에서 열렸던 '배문고 조서희 교장배 전국 중학 야구대회'에서 사상 첫 전국대회 타격왕 타이틀을 거머쥐며 뜨거운 눈물을 흘렸다. 그야말로 쥐구멍에 볕 들 날이 온 것이다.

어린 장효조를 대성통곡하게 한 사건 역시 그가 대구중학교에 다니던 시절에 발생했다. 부모와 떨어져 대구에서 하숙하던 장효

텅 빈 하숙방에 홀로 돌아와

쓸쓸한 밤을 보내기 싫어서 그는 배트를 잡았다.

야구 외엔 그 어떤 생각도 들지 않게 하려고

몸이 파김치가 되도록 훈련에 훈련을 거듭했다.

조는 어느 날 서울 집에 다녀가게 되었다. 하지만 집안 분위기가 이상하리만치 썰렁했다. 아무리 철없는 막내라지만, 장효조는 아버지의 흑백 사진 한 장이 안방 상 위에 놓인 것을 보고도 별다른 생각을 하지 못했다. 그러다 대구로 내려오는 기차 안에서야 비로소 아버지가 돌아가셨다는 것을 깨달았다. '야구하는 데 지장이 있다'고 막내에게 죽음을 알리지 말라는 아버지의 유언이 있었다고 했다. 어린 장효조는 울면서 며칠 밤을 보냈다. 아버지를 잃은 슬픔과 죄책감에 빠져 그 무엇도 하고 싶은 마음이 들지 않았지만, 작고하신 아버지의 유언의 의미를 되새기며 다시 배트를 들 수 있었다. 예전에도 그랬던 것처럼, 장효조는 그 어떤 시련과 좌절에도 연습을 통해 극복해 나갔다.

아버지의 죽음과 함께 집안 형편이 급격히 어려워지자 장효조의 가족은 대구에 단칸 전세방을 얻어 함께 살기 시작했다. 이때 장효조 일가가 경험했던 고생은 말로 다 표현하기 어려울 정도였다. 장효조의 모친은 돈이 되는 일이면 무슨 장사든 했고, 누나 역시 길거리에서 물건을 팔았다는 소문도 있다. 그런 이유에선지 장효조가 대학, 실업팀에 스카우트되는 과정에서 가장 집착했던 '조건'은 바로 '집 제공'이었다. 집안의 몰락을 지켜보던 장효조의 머릿속에는 '야구만이 살 길이다' 라는 한 가지 생각밖에 없었을 것이다. 장효조는 대구중학교 동기였던 김한근, 이승후와 함께 대구상고에 진학한다. 전국대회에서 잠시나마 타격으로 '반짝' 했던 덕택에 당시 대구중학교의 슈퍼스타였던 두 선수와 함께 '묶여서' 진학할 수 있었던 것이다. 전통의 강호 경북고등학교와의 인연은 이번에도 꿈도 못 꾼 채 말이다.

대구상고 전성시대

아버지의 죽음, 집안의 몰락 등으로 충격을 받은 장효조는 그 어느 때보다도 야구에 매달렸다. 하지만 언제나 그렇듯이 장효조에게 '기회'란 그리 쉽게 오지 않았다. 동기생 김한근과 이승후는 고등학교 1학년임에도 불구하고 전국대회에 출전할 수 있었지만, 후보 선수 장효조는 운동장에서 그들을 환송하며 선전을 기원해야만 했다. 전국 무대를 밟아보는 '사치'는 장효조의 몫이 아니었다. 장효조가 대구상고 1학년 재학 중이던 72년 겨울, 그에겐 일생일대의 큰 변화 두 가지가 한꺼번에 찾아온다. 첫 번째는 바로 '키'였다. 중학교 때는 150cm 수준, 고등학교 1학년 때도 160cm

를 간신히 웃돌았던 땅꼬마 장효조가 고등학교 1학년 말이 되면서 170cm를 뛰어넘게 커버린 것이다. 평생을 작은 키 때문에 고심하던 장효조에게 이것 이상으로 자신감을 회복시켜준 사건은 없었다. 비록 큰 키는 아니었지만, 고등학교 수준에서 한번 '해볼 만한 키'는 되었다.

또 한 가지의 큰 변화는 바로 실업팀 한전 출신의 강태정 감독의 부임이었다. 1973년 여름, 대한민국의 모든 스포츠 신문 섹션에는 '대구상고의 강태정 야구'가 대서특필되었다. 그 때문인지 필자의 기억 속에는 아직도 강태정이란 이름이 아른거린다. 강태정 감독은 50년사를 자랑하는 한국 고교야구의 수준을 한 단계 업그레이드시킨 장본인으로 추앙되었다. 72년까지 황규봉-이선희의 황금 계투진을 앞세워 고교야구를 평정했던 대구 야구의 대명사 경북고를 단숨에 격침시키고 전국 무대에 혜성처럼 나타나 잠재울 수 없는 돌풍을 몰고 온 강태정의 야구는 많은 야구인들의 '연구 대상'이 되었다. 72년 한 해 동안 대통령기, 봉황기, 그리고 황금사자기까지 독식하며 고교야구를 휩쓸었던 강태정과 대구상고 야구의 성공 비결은 바로 '지도자-학부형-선수' 모두가 일치된 목표 의식을 바탕으로 톱니바퀴처럼 움직여 준 결과였다. 실업야구를 고교 무대에 그대로 옮겨 놓은 강태정 감독의 고단수 용병술과 학부형들의 아낌없는 후원, 그리고 '새로운 야구'를 배워보겠다고 징그러울 정도로 훈련에 몰두했던 선수들의 열의, 이 세 가지 요소가 기름 친 모터처럼 움직여 주었기 때문에 그들의 앞길엔 걸림돌이 없었다.

한국 아마추어 야구사에 일대 변혁이라고까지 칭해졌던 강태정의 대구상고 야구는 선수들의 민첩하고 지칠 줄 모르는 기동력을 기본으로 하여 상대 팀 선수들의 혼을 빼놓는 야구의 '모범 사례'였다. 주자가 일단 출루하면 별다른 신호 없이 단독, 더블, 그리고 홈스틸을 그림처럼 엮어내었고, 히트-앤-런, 번트 시프트Shift, 버스터 플레이와 같은 수준 높은 작전을 아끼지 않았다. 기본적인 야구 상식과 틀을 부수는 강태정의 작전은 상대의 의표를 찌르는 역공을 펼쳤고, 조직적인 움직임을 바탕으로 한 철벽 수비를 구사했다. 73년 한 해만큼은 대적할 상대가 없었던 '대구상고의 전성시대'였다.

이런 고급 야구를 선보이기까지 강태정 감독과 대구상고 야구부원의 동계 훈련은 처절하리만큼 혹독했다. 그리고 그 한가운데 '만년 후보' 장효조의 변신이 자리 잡고 있었다. 새로운 감독 부임과 함께 새 출발을 꿈꾸던 장효조는 어느 정도 체력 보완이 된 상태에서 장거리 달리기 같은 지구력을 요구하던 종전의 훈련 방법을 멀리했던 강태정 감독의 요구에 따라 장거리 달리기 대신에 뜀틀 넘기에 치중했고, 고교야구에는 생소했던 웨이트 트레이닝을 하며 철저하게 민첩성과 순발력을 키워나갔다. 늘 체력적인 열세 때문에 손해 보았던 그에게는 '강태정 스타일의 야구'야말로 '장효조를 위한 야구'와도 같았다.

전년도까지 전국대회 우승기를 품에 안고 대구상고 운동장 앞

을 요란하게 지나가던 라이벌 경북고 선수들을 이기기 위해 대구상고 야구부원들은 지역 예선에 초점을 맞추며 하루하루를 훈련 또 훈련으로 마감했다. 흥미로운 부분은, 당시 강태정 감독의 지시와는 무관하게 선수들 모두가 자율 훈련을 하느라 늦은 밤까지 빈 교실을 찾았다는 점이다. 겨우내 이런 피나는 연습을 한 덕택에 대구상고는 대통령기 야구 대회 경북 예선을 통과하여 본선 무대에 올랐고, 강태정 야구의 첫 시험 무대였던 이 대회에서 강호 경남고를 꺾고 우승을 차지했다. 이 대회 본선부터 처음 주전으로 뛰기 시작했던 장효조는 처음 출전한 전국대회에서 타격 3위라는 좋은 성적을 거두었다. 이를 시작으로 전국에 그의 이름을 서서히 알리기 시작한다.

장효조가 본격적으로 스타덤에 오른 것은 같은 해 8월에 열렸던 봉황대기 대회였다. 하기룡, 이광은, 신언호 등의 호화 멤버를 보유했던 배재고를 상대로 대구상고는 다시 한 번 우승컵을 안았고 이 대회에서 장효조는 최다 안타상과 타격 1위 기록을 수립하며 그해 봉황기가 배출한 최고의 스타로 주목 받았다.

1973년에 대구상고가 화려한 전성시대를 맞은 것은 장효조 한 사람의 활약에 의존한 것이 아니었다. 강태정 야구의 최대 강점은 바로 선수 아홉 명 모두가 기복 없는 플레이를 했다는 점에 있었기 때문이다. 그해 황금사자기에서는 투수, 3루수, 외야수로 뛰며 골고루 역할 분담을 해준 김한근이 대회 최우수 선수상을 차지했고, 대통령기에는 좌익수 이승후의 눈부신 활약으로 우승할 수 있었다. 주전 멤버 5명이 2학년으로 구성되었던 73년 대구상고의 야구는 74년을 맞이하면서 본격적인 2연패 전략에 돌입하고 있었다.

강태정 야구가 눈부신 성과를 얻은 만큼 야구인들은 그를 가만두지 않았다. 대학야구의 신예 건국대학교는 강태정을 감독으로 전격 영입했고, 대구상고 야구부는 김광웅 감독의 손에 맡겨졌다. 전국대회 우승 후보 1순위로 대구상고를 주목하지 않았던 전문가

들은 없었다. 하지만 74년 대구상고는 대통령기 준우승(4-13 경북고), 황금사자기 준우승(1-3 경남고), 봉황기 우승(10-5 재일교포)이라는 다소 기대에 못 미치는 기록으로 시즌을 마감했다. 그렇지만, 당시 고교야구 단일팀 최강의 자리는 대구상고의 몫이었다는 사실을 부인하는 사람은 없었다. 봉황대기 '베스트 9' 선수 중에 대구상고 소속 선수들이 5명이나 포함되어 있을 정도였다. 장효조는 이 대회에서 도루왕을 차지하며 그를 전국구 스타로 만들어준 고교야구 무대를 떠나게 된다.

우물 안 개구리

　고교 졸업을 앞두고 장효조는 태어나서 처음으로 '스카우트 후보'에 올라 사람들의 주목을 받는다. 항상 스타급 선수 틈에 끼여 진학을 해야 했던 '만년 후보' 장효조가 드디어 대학 일류 팀 사이에서 스카우트의 표적이 된 것이다. 연세대, 고려대, 한양대 등이 적극 그를 영입하려고 했지만, 장효조의 선택은 쉽게 결정났다. 한때 어려운 가정 형편 때문에 월급과 직장이 보장되었던 금융팀 입단을 생각하기도 했지만, 결국 집 제공, 생활비 지원, 부속 병원 치료비 제공 등의 파격적인 조건을 보장한 한양대 측의 손을 잡았다. 이런 좋은 조건 말고도 한양대에는 남우식, 정현발, 천보성, 정순명과 같은 기라성 같은 선배들이 있었고, 서영무라는 걸출한 지도자까지 장효조를 반겨주었다.

장효조의 한양대 시절 활약은 국내 무대보다 국가대표였을 때 더 빛났고 큰 의미가 있었다. 물론 국내 대회에서도 매년 한두 차례 우승하는 성과를 보였다. 한양대 1학년(75년) 대타로 출전했던 첫 경기에서 홈런을 쳐 내며 서영무 감독의 신임을 얻은 것을 시작으로, 75년 말부터는 국가대표 상비군 40명 명단에 올라 막내둥이로 대표팀 생활을 시작하였다. 팀의 심부름을 도맡아 했던 대표 팀 막내 시절 바로 위 선배가 2년 선배였던 김재박 선수였으니 장효조는 하늘 같은 선배들 사이에서 서서히 성인야구를 배웠던 셈이다. 76년 우리나라에서 열렸던 아시아 선수권 대회 후보로 윤동균, 김봉연, 이해창, 김우열 등 쟁쟁한 선배들 틈에서 외야수 자리를 놓고 경합을 벌였지만 주전 자리를 차지하기엔 역부족이었다. 이때에도 역시 장효조는 다시 연습장을 찾았다. 어릴 때부터 한이 맺힐 법도 한 소속 팀의 주전 자리, 나아가서는 대표팀의 주전 자리를 놓치지 않기 위해 대학 4년 동안 장효조는 오로지 연습에만 몰두하며 살았다.

'야구만큼 정직한 스포츠는 없다. 연습하는 그대로 성적이 나오기 때문이다' 라는 말을 종교처럼 믿었던 장효조는 이듬해인 77년 니카라과에서 열렸던 슈퍼 월드컵 대회에서 한국 성인야구 사상 처음으로 세계대회 석권이라는 커다란 업적을 이룬 멤버의 한 명으로 참가했다. 미국을 5 대 4로 꺾고 우승을 차지했던 경기의 실질적인 히어로는 6회 동점 솔로포를 쏘아 올린 김봉연과 2타점 결승타를 친 이해창이었지만, 세계대회 우승은 김응룡 감독을 비롯한 23명의 태극 전사 모두의 승리였다.

:: **1977년 슈퍼 월드컵 대회 참가 선수단**

감독: 김응룡

코치: 유백만, 이재환

투수: 유남호, 이선희, 방기만, 최동원, 김시진, 유종겸, 임호균
포수: 박해종, 심재원
내야수: 김봉연, 김정수, 배대웅, 천보성, 구영석, 김재박
외야수: 윤동균, 이해창, 김일권, 장효조, 김우근

그 후 장효조는 82년 서울 세계 야구 선수권 대회까지 5~6년 동안 줄곧 대표팀의 주전 외야수로 활약했지만, 국내 대회에서 보여준 기량만큼의 큰 활약을 보여주지 못했다. 장효조의 야구 인생을 평할 때 유일하게 지적되는 부정적인 평가는 바로 '국내용 타자'라는 말이었다. 그 어떤 지도자 또는 기자보다도 자신에 대한 기대치가 높았던 장효조 역시 당시 그런 '평범한 성적'에 만족하지 않았다. 비록 80년 일본에서 열렸던 제26회 세계 야구 선수권 대회 준우승(쿠바에 석패) 당시 '월드 베스트 9'으로 선정되는 활약으로 어느 정도 명예회복은 했지만, 그가 배트를 잡은 후 가장 아쉬워했던 경기 역시 그가 국가대표 유니폼을 입고 뛰었던 경기였다. 82년 서울에서 열린 세계 야구 선수권 대회 8회말 상황은 그

에게 가장 아쉬움을 남긴 순간이었다. 한대화의 꿈 같은 '역전 스리런 홈런'이 터지기 전 바로 앞 타석에 선 장효조가 안타 한 방을 쳤더라면 승부를 결정지을 수 있었다. 그러나 그는 범타로 물러나고 말았다. 장효조는 그 타석이 가장 아쉽기도 하지만 좋은 결과로 끝나 기분이 좋았던 순간이라고도 말했다. 자신의 성적에 쉽게 만족하지 않고, 조금 더 나은 결과를 위해서 끝까지 자신과의 싸움을 포기하지 않았던 장효조의 이런 정신이 없었더라면 '타격의 달인'이란 말은 아마도 지금 그의 몫이 아니었을 것이다.

한양대 시절 붙박이 국가대표 외야수로 활약했고 대학교 3학년 시절 백호기 대회에선 성인야구 단일 대회 최고 타율이었던 5할 4푼 9리라는 믿을 수 없는 기록을 달성하며 국내 성인야구 마운드를 초토화했던 장효조, 그는 79년 겨울 한양대 졸업을 앞두고 신생 실업팀 포항제철에 입단한다. 70년대 중반까지만 하더라도 금융팀 위주의 실업야구가 주축을 이루었지만, 롯데, 한국화장품과 같은 실업팀이 연달아 창단되면서 대학 졸업생들의 진로는 조건

자신의 성적에 쉽게 만족하지 않고,
조금 더 나은 결과를 위해서 끝까지 자신과의 싸움을
포기하지 않았던 장효조의 이런 정신이 없었더라면
'타격의 달인'이란 말은 아마도 지금
그의 몫이 아니었을 것이다.

도 더 좋아지고 넓어지던 시기였다. 장효조의 포철 입단 과정도 지금까지와 마찬가지로 간단하게 풀렸다. 집을 조건으로 제시했던 포철 측과 단숨에 도장을 찍었기 때문이다. 대구상고 시절 단칸 전세방에 네 식구가 옹기종기 모여 산 이후 '집 제공'이란 조건만큼 그의 마음을 안정시킬 수 있는 것은 없었다. 윤동균, 유태종, 김종우 같은 선배들과 함께 포철에 입단했지만, 1년 남짓 뛰다가 곧바로 당시 육군 야구팀이던 경리단에 입대하였다. 경리단 입단 과정에서도 '새벽 납치 사건'과도 같은 웃지 못할 해프닝이 벌어지기도 했지만, 그 2년여 동안 장효조는 생전 경험해 보지 못한 '군대 야구'와 대구상고-경북고 라이벌전을 방불케 했던 육군-공군 라이벌전을 거치며 화려했던 아마 야구 시대를 마감하게 된다.

수위타자 장효조

장효조의 화려한 프로 경력을 과연 어디서부터 얘기해야 할까? 스물여덟 살에 프로에 뛰어든 장효조가 프로 선수로 활약한 10시즌을 가장 적절하게 대표하는 단어가 있다면 그건 아마도 '수위타자'라는 말일 것이다. 프로 원년 4할 1푼 2리란 대기록을 수립하며 수위타자에 오른 백인천 정도가 그나마 장효조에 버금가는 '수위타자' 이미지를 전달하고 있을 뿐 그 외엔 아무도 수위타자 장효조의 아성을 건드릴 선수가 없었다.

장효조의 수위타자에 대한 집착은 대단했다. 본인 역시 "한때는 수위타자가 인생의 끝인 줄 알았다"고 고백했을 정도로 최고 타율 유지에 총력을 기울였다. 삼성 라이온즈가 창단한 이래 유일하게 전, 후기 통합 우승으로 패권을 잡았던 85년, 장효조는 3할 7푼 3리란 높은 타율로 수위타자에 올랐다. 그해 초여름까지 OB의 박종훈과 피를 말리는 타율 경쟁을 벌이던 장효조는 8월 한 달 동안 4할에 가까운 타율로 안타를 몰아치며 단숨에 승부를 뒤집었고, 영원히 뒤를 돌아보지 않았다. 아마도 장효조의 커리어 중 수위타자에 대한 집착이 절정에 달했을 이즈음 그는 침대 머리에 전자계산기를 두고 잤고, 매일 저녁 KBO 사무실에 전화해서 상대 선수의 기록을 요청했다고 한다. 오죽했으면 82년 11월 결혼 당시 야구 문외한이었던 그의 아내 강경화 씨까지 타율 계산하는 방법을 터득했을 정도였다.

어쩌면 그의 야구 인생은 '수위타자에 대한 집념'으로 기억될지도 모른다. 이렇게 타율 관리에 매달리면서 타격이 다소 소극적이 되고 장타가 줄어든 원인이 되었을지도 모른다. 하지만 장효조는 1983년부터 1992년까지 10시즌 동안 4번에 걸쳐(83, 85, 86, 87년)

수위타자에 오르는 데에 성공한다.

  장효조는 기록에 비해 유난히 상복이 없었던 선수로도 유명하다. 대부분의 프로 생활을 유난히 우승 운이 없었던 삼성 라이온즈에서 뛰었던 이유도 있겠지만, 그의 전성기였던 83년부터 87년까지 그가 보여줬던 신기의 타격과 수많은 기록 달성에 비하면 87년 유일하게 수상한 시즌 MVP 트로피 하나로는 부족한 감이 있다. 1983년, 그가 보낸 '꿈의 시즌'을 보더라도 그렇다. 타격에 있어서만큼은 그 누구도 넘볼 수 없는 기록을 보여준 장효조에게 신인상은 돌아가지 않았고, MVP 역시 그를 외면했다. 둘 중 하나는 분명 장효조에게 돌아갔어야 했지만, 신인상은 OB의 박종훈에게 MVP는 팀 동료 이만수에게 돌아갔다. 장효조가 기막힌 활약을 보이고도 신인상을 받지 못한 이유는 '신인답지 못한 신인'이라는 이유 때문에서였다. 다시 말해 '너는 아마에서부터 지명도가 높았던 대형 타자였으니 프로에서 이 정도 하는 것은 당연하다. 그러니, 후배이자 진짜 신예인 박종훈에게 양보해라' 라는 의미였다. 잘못되어도 크게 잘못된 결정이었다.

　10년이란 긴 세월 동안 한결같이 다이아몬드를 달구었던 장효조였지만, 그의 프로야구 인생 최대 하이라이트는 어쩌면 1991년 시즌이 아닐까 싶다. 89년 시즌부터 고향 팀 롯데의 유니폼을 입고 4년간 활약했던 장효조는, 이적 2년 차이던 1990년도에 생애 처음으로 2할대 타율(.275)로 시즌을 마쳤다.

　장효조에게 2할대 타율이란 어떤 의미였을까? 나이 서른다섯에 난생처음으로 맛본 최대 치욕이 아니었을까? 아마도 그에게 2할대 타율이란 곧 은퇴를 의미했을 것이다. 전력상으로는 결코 최악의 팀이 아니었던 롯데의 성적은 어우홍 감독의 노력에도 계속 곤두박질쳤고, 몇 년간 계속 그런 상태이다 보니 선수들 모두가 패배 의식에 사로잡혀 있었다. 유두열과 함께 팀 선수 중 고참급에 속했던 장효조의 성적마저 2할대로 추락하자 팀 분위기는 최악의 상태로 빠졌다. 그를 바라보는 주위의 시선도 예사롭지 않았다.

"장효조도 한물갔구나"라는 의견이 지배적일 때 그는 또 한 명의 은인이자 명지도자인 강병철 감독을 만나게 된다. 팀 분위기 쇄신 차원에서 새롭게 부임했던 강 감독은 장효조를 불러 놓고 '명예롭게 끝맺음해라'라는 한마디를 던졌다. 그때까지만 하더라도 은퇴 쪽으로 가닥을 잡고 있던 장효조에게 인생 선배이자 야구 선배인 강병철의 이 한마디는 은퇴를 번복하고 용기를 낼 수 있는 힘이 되었다. 그때부터 서른여섯 살의 장효조는 이를 악물고 동계훈련에 임했다. 중, 고등학교 시절 후보의 그늘에서 헤어나기 위해서 밤새도록 타이어를 두드렸던 것처럼, 프로 입문 전 나무 배트에 적응하기 위해 방바닥에 발자국 무늬가 새겨질 정도로 개인 연습에 매달렸던 것처럼……. 장효조는 젖 먹던 마지막 힘까지 쏟아 부으며 '명예회복'을 위해 두 팔을 걷어붙였다.

91년 시즌, 아무도 장효조의 컴백을 긍정적으로 보고 있지 않을 때 '타격의 달인' 장효조는 다시 한 번 세상을 놀라게 하며 그의 화려한 야구 인생에 마지막 느낌표를 찍었다. 시즌 타율 3할 4푼

장효조의 수위타자에 대한 집착은 대단했다.

본인 역시 "한때는 수위타자가 인생의 끝인 줄 알았다"고

고백할 정도로 최고 타율 유지에 총력을 기울였다.

7리……. 비록 1리 차로 고등학교 후배 이정훈에게 수위타자의 자리를 넘겨줬지만, 이미 그의 머릿속에는 수위타자라는 간판보다 명예회복이라는 의미가 더 소중하게 자리 잡고 있었다.

'수위타자' 장효조는 삼덕초등학교 4학년 때 처음 잡았던 야구 배트를 그렇게 내려놓았다. 시작은 비록 보잘것없고 초라했지만, 끝맺음만큼은 그 누구보다도 높은 자리에서 모든 이들에게 위대함을 인정받은 후였다.

우리는 장효조에게 최고의 야구 선수라는 표현은 하지 않는다. 최고의 기준이 뭐냐는 질문에 필자도 뾰족한 해답이 없기 때문이다. 프로 통산(83~92) 3할 3푼 1리, 3,050타수 1,009안타. 이 짧막한 데이터가 장효조의 험하고도 길었던 야구 인생을 대신해 준다고 믿는다.

∷ 장효조(張孝祚)

1956년 7월 6일

좌투좌타

외야수

삼덕초등학교-대구중학교-대구상업고등학교-한양대학교-삼성 라이온즈-롯데 자이언츠

1975년 대학 춘계 연맹전 타격상

1976년 백호기 춘계 연맹전 타격상

1976년 대학 선수권대회 우수선수상

1977, 78년 춘계 연맹전 타격상

1977년 대통령기 대회 타격상, 감투상

1977년 슈퍼 월드컵 대회(대륙간 컵 대회) 우승 멤버

1978년 대학 초청대회 3관왕(타격, 타점, 홈런)

1980년 동경 세계 야구 선수권 대회 BEST 9

1983, 1985~1987년 프로야구 수위타자

1983~1987년, 1991년 프로야구 출루율 1위

1983년 프로야구 최다 안타, 장타율 1위

1983~1987년 프로야구 외야수 부문 골든글러브

1987년 프로야구 정규 시즌 MVP

올스타 팬 투표 최다 득표 2회

역대 통산 최고 타율 3할 3푼 1리

:: 프로기록

연도	소속	타율	게임	타수	득점	안타	2루타	3루타	홈런	루타
83	삼성	.369(1)	92	317	61(2)	117(1)	19	3	18(3)	196(2)
84	삼성	.324(4)	89	309	56(4)	100(8)	19	7	7	154(7)
85	삼성	.373(1)	107	346	66(2)	129(2)	24	1	11	188(3)
86	삼성	.329(1)	95	304	55(7)	100	20	2	6	142
87	삼성	.387(1)	88	284	51	110(10)	16	4	2	140
88	삼성	.314(8)	96	283	41	89	12	2	4	117
89	롯데	.303	94	333	40	101	8	3	1	118
90	롯데	.275	96	324	36	89	13	4	1	113
94	롯데	.347(2)	122	346	56	120	17	10	4	169
92	롯데	.265	82	204	23	54	9	0	0	63
통산		.331	961	3050	485	1009	157	36	54	1400

타점	도루	도루사	희생타	볼넷	사구	삼진	병살타	실책	출루율	장타율
62(3)	22(4)	2	5	58	6	39	1	1	.475(1)	.618(1)
44	8	8	2	49	5	25	2	1	.424(1)	.498(5)
65(3)	17(7)	8	14	57	4	23	6	2	.467(1)	.543(3)
41	16(8)	7	3	59	1	30	6	3	.436(1)	.467(4)
58(6)	7	4	7	41	3	26	1	2	.461(1)	.493(4)
35	5	5	0	49	2	27	2	0	.419(4)	.413
31	12	15	1	56	3	30	2	2	.407(3)	.354
22	8	4	4	34	2	33	5	0	.418	.349
54	11	7	6	70	0	31	4	0	.452(1)	.488(8)
25	3	1	4	33	1	25	2	0	.295	.309
437	109	61	46	506	27	289	31	11	.424	.459

트레이드 발표 파동
– 열흘간의 각축전

　25년 가까이 선수 생활을 한 장효조였지만 야구 외적인 요소 때문에 그의 앞길에 먹구름이 낀 적은 거의 없었다. 평소 끓어오르는 승부 근성과 경쟁심에서 빚어진 사소한 마찰은 그라운드 안팎에서 간혹 볼 수 있었지만, 말 그대로 '대형사고'는 흔치 않았다는 말이다. 그러던 그에게 벌어진 일생일대의 가장 큰 '소란'은 1989년 초에 전격적으로 단행되었던 롯데 김용철과의 트레이드가 아니었나 싶다. 아마도 장효조에게 가장 길고도 험했을 '시련의 계절'은 1년 전이었던 1988년 1월 22일, 모든 언론에 대문짝만 하게 실린 헤드라인 '장효조 판다!'에서 시작되었다.

1987년 대망의 MVP 시즌을 마치고 스토브 리그에 돌입한 장효조에게 구단의 일방적인 '재계약 포기 의사'가 대외적으로 발표된 사실은 엄청난 사건이 아닐 수 없었다. 트레이드 결정을 장효조에게 통보했다고 말한 당시 삼성의 윤경헌 구단 이사는 "지난해 한국시리즈에서 참패한 뒤 팀의 장기적인 발전을 위해선 획기적인 분위기 쇄신이 필요하다는 구단 고위층의 판단에 따른 결정"이라고 밝혔다. 이에 대한 장효조의 반응은 충격 그 자체였다. "너무 충격적인 일이라 뭐라 말할 수 없다. 며칠 생각할 시간을 갖고 주위 분들과 상의한 뒤 거취를 결정짓겠다"라고 답했다.
　구단의 공식적인 이유는 그렇다손 치더라도, 두세 가지의 다른 이유도 짐작해 볼 수 있다. 'MVP를 거머쥔 장효조의 연봉 인상 요구에 대한 사전 대응책' 혹은 '평소 선수 대표의 입장에 서서 구단에 자주 불만을 드러낸 그를 제거함으로써 선수단을 용이하게 통솔할 수 있다'는 계산을 한 것이 아니었을까 추측해본다.

　어쨌든 삼성 구단이 대구 야구의 기둥이자 87 시즌 MVP였던

장효조를 10~15승대 투수와 트레이드하겠다고 발표하자 전 프로야구판이 술렁이기 시작했다. 삼성이 점찍어두고 있다던 투수 명단엔 롯데의 윤학길, OB의 장호연, 해태의 차동철 등이 있었지만, 여의치 않을 경우 전 삼성 에이스 김일융이 일본 복귀 후 활약하던 다이요 웨일즈와의 트레이드도 추진하겠다고 나섰다. '장효조 트레이드 발표 파문'으로 인해서 등장했던 웃지 못할 뉴스들도 있다. '정치가 못 푼 지역감정, 야구로 풀자 - 영, 호남의 우정 가교'(해태와의 트레이드 소문), '야구로 외화 번다 - 장효조 일본 수출'(다이요와의 트레이드 추진). 연일 이런 자극적이고 절망적인 기사가 보도되는 가운데 장효조는 '은퇴냐? 트레이드 인정이냐?'를 놓고 심한 고민을 했지만, 삼성과의 재계약은 절대 불가하다는 뜻을 굽히지 않았다.

사건이 터진 지 나흘 만인 1월 26일 향후 거취에 대한 입장을 밝히겠다고 한 장효조는 이틀 뒤인 28일 구단 사무실을 찾았다. 박영길 삼성 감독, 이춘제 '장효조 후원회' 부회장 등과 동석한 자리에서 그는 "어떤 결론이든 구단의 결정에 따르겠지만, 가장 원하는 것은 삼성과의 재계약이고, 대구에서 계속 뛰고 싶다"는 뜻밖의 의사를 밝혔다. 또한, "향후 진로에 대해선 야구계 대선배이자 인생 선배인 박영길 감독에게 전권을 위임하겠다"라는 말도 덧붙였다. 구단 사무실에서 자신의 견해를 밝히기 전, 그동안의 마음고생에 감정이 복받쳐 오른 장효조가 박 감독을 얼싸안고 대성통곡했다는 소식도 전해졌다.

박 감독은 '2~3일 내로 구단 측과 협의해서 최선책을 건의하겠다'라고 했지만, 장효조가 이날 보여준 제스처 하나로 최상의 카드를 구단 측에 던진 격이라는 분석도 있었다. 자신의 코트로 넘어온 볼(의사 결정권)을 교묘하게 구단 측으로 돌려보낸 처사였다는 얘기다. 결국 이 사건의 결말은 구단 측의 씁쓸한 '트레이드 의사 철회'로 매듭지어졌다. 완전히 '없었던 일'로 돌아가게 되면서 삼성 구단만 스타일을 구긴 셈이 되고 말았다.

88년 1월 장효조의 트레이드 발표로 삼성 구단 측이 얻은 것은 아무것도 없었다. 연봉 협상에서 유리한 고지를 점했다는 평도 있긴 했지만, 말 그대로 구단의 장기적인 발전을 위해서는 큰 도움이 된 게 없었다. 오히려, 내적으로 심한 충격과 고통을 받은 장효조의 88년도 시즌은 3할 1푼 4리라는 역대 최악의 성적을 기록했고, 결국 이듬해 훨씬 홀가분한 마음으로 대구를 떠날 수 있게 만들어준 계기가 되었을 뿐이다. 롯데 김용철과의 트레이드 발표 때엔 오히려 담담한 기분으로 새 출발을 기대했을 정도였으니 말이다.

삼성 구단이 대구 야구의 기둥이자

87 시즌 MVP였던 장효조를

10~15승대 투수와 트레이드하겠다고 발표하자

전 프로야구판이 술렁이기 시작했다.

필자가 이 사건을 심도 있게 설명한 이유는 장효조의 갈등이나 당시 삼성 구단의 성공적이지 못한 선수 관리와 트레이드 처리를 밝히기 위해서가 아니다. 장효조가 가장 어려운 시기에 처했을 때 그를 헌신적으로 도와준 은인 두 명을 소개하기 위해서이다. 한 명은 장효조 후원회 '위하여'의 부회장 이춘제 씨다. 그는 평소 장효조 정식 후원회를 결성해 그를 물심양면으로 지원해 주었고, 어떤 어려운 일에 직면했을 때에도 항상 앞장서서 지도편달 해준 장본인이었다. 88년 트레이드 발표 사건 당시에도 가장 적극적으로 나서서 구단 측의 선처를 호소했고, '평소에 행실이 어땠길래 구단에서 이런 얘기까지 나돌게 하느냐?' 라면서 장효조의 행동을 나무라기까지 했다. 야구밖에 모르고 살아온 장효조가 대구에서 선수 생활을 하면서 가장 큰 힘이 되었던 인물이 바로 이춘제 씨였다.

또 한 명의 은인은 바로 전 삼성 라이온즈의 재일교포 에이스 김일융이었다. 84년도에 삼성에 입단해 그해 김시진과 공동으로 다승왕에 올랐고 15년간의 일본 야구 경험을 토대로 젊은 국내 선수들의 귀감을 샀던 김일융은 장효조와 유난히 궁합이 잘 맞았던 선수로 알려져 있다. 비록 장효조보다 다섯 살이 많은 선배였지만, 둘은 친구로서 그리고 동료로서 진솔한 대화를 나누어왔다. 트레이드 발표 사건 당시에도 향후 거취에 대해서 김일융이 국제전화로 많은 조언을 해주었고, 이어진 삼성의 일본 전지훈련 기간에도 기분 전환을 위해서 매일같이 통화했다고 한다. 김일융은 장효조에게 야구인의 마음가짐, 그리고 진정한 프로 선수가 지녀야 할 자세 등을 집중적으로 전수하면서 장효조가 트레이드 사건에 대한 아픔을 훌훌 털고 다시 일어날 수 있도록 도와준 일등 공신이었다.

가장 위대한 타자

1992년 서른여섯의 나이에 화려했던 선수생활에서 은퇴한 장효조는 롯데 자이언츠의 타격코치로 제2의 삶을 시작한다. 그는 코치가 되어서도 자신이 훈련을 통해 얻은 타격 노하우를 후배들에게 전해주려 진심으로 노력했다. 어떤 이는 코치 시절의 장효조는 선수 시절에 흘린 땀보다 더한 노력을 기울였다고 말할 정도였다. 하지만 지도자로서의 그의 삶이 탄탄대로만은 아니었다.

6년 동안 롯데에서 타격 코치 생활을 하던 장효조는 더 넓은 세계를 경험하기 위해 1999년 메이저리그 보스턴 레드삭스 산하의 마이너리그팀으로 코치 연수를 떠난다. 낯선 외국에서의 생활은 고단했지만, 그는 특유의 집념과 근성으로 선진 야구를 익히기 위해 1년 동안 노력했다. 그는 이 기간에 우리 선수들이 치열한 경쟁 속에서 스스로 살아남는 방법을 각자의 노력을 통해 터득해야 우리 야구가 한 단계 발전할 수 있다는 신념을 갖게 되었다.

2000년 삼성의 2군 타격 코치를 맡으며 12년 만에 고향과도 같은 대구로 다시 돌아온 그는 출장정지 징계를 받은 김용희 삼성 감독을 대신해 잠시 1군 감독대행을 맡아 4승 2무라는 놀라운 성적을 거두며 깜짝 임무를 완수하기도 했지만, 어찌 된 일인지 1년을 다 채우지 못하고 삼성과의 재계약에 실패하고 만다. 이후 대불대학교에서 인스트럭터로 몸담으며 야구와의 인연의 끈을 놓지 않았지만, 그의 명성에 비하면 야인이나 다름없이 보낸 세월이었다.

그 후 3년여에 걸친 공백기가 있었다. 왕년의 대스타가 자리를 못 잡고 있었던 만큼 사업을 한다는 등 이런저런 소문이 야구계 주변에 나돌기도 했다. 하지만 그 시절 그는 마음을 비운 상태로 국내외 이곳저곳을 여행하며 자신을 추스르는 시간을 가졌다고 한다.

잠시 현장에서 멀어져 있는 동안 장효조는 마음고생을 많이 한 것 같다. 한국 야구 최고의 타자로 불릴 만큼 영광을 누린 그였지만, 야구만을 생각하며 앞만 보고 달려온 탓에 야구를 떠난 삶에 대해서는 준비가 되어 있지 않았던 듯하다. 가족을 책임져야 할 가장으로서 삶의 목적과도 같았던 야구계와 멀어져 아무것도 할 수 없는 현실에 얼마나 심한 스트레스를 받았겠는가. 그런 와중에도 그는 자신의 명성을 이용해 돈을 벌려는 주위의 유혹에도 시달려야 했다. 한 인터뷰에서 그는 "자중하면서 지내자. 남들에게 부탁하거나 하지 말자"고 다짐하곤 했다는 말로 야구인의 자존심을 지키기 위해 노력했던 당시 심경을 내비치기도 했다.

장효조는 상복만큼이나 우승복도 없는 선수였다. 만약 그의 기량이 절정에 달했던 시절 삼성 라이온즈가 한 번이라도 우승컵을 차지했다면 롯데로 트레이드되는 일이나 초라하게 은퇴하는 일은 없었을지도 모른다. 그리고 은퇴 후 지도자 생활이 꼬이는 일도 일어나지 않았을지도 모른다. 그가 가장 안타깝게 생각하는 것 역시 현역 시절 한 번도 우승을 경험해보지 못한 것이었다. 특히 장효조는 자신의 실책 탓에 점수를 내주는 바람에 우승 문턱에서 좌절해야 했던 84년 롯데와의 한국시리즈 최종전을 가장 안타까운 경기로 꼽기도 했다.

선수 시절부터 유명했던 자존심 강한 성격과 외고집 탓에 주변의 인심을 얻지 못한 것이 그가 지도자로 일찍 자리 잡는 데 장애로 작용했다는 얘기도 있다. 지고는 못 사는 그의 성격과 프로에서 생존하기 위해 늘 긴장하며 자신을 채찍질했던 탓에 때로 상대의 기분을 배려하지 않는 말로 주변 사람들에게 상처를 주기도 했다는 얘기도 들린다. 하지만 그는 남에게 피해를 준 적도 없고 무리한 요구를 하지도 않았다고 말하며 성격 때문에 지도자로 자리 잡지 못한 것이 아니라 과거 삼성과 결별하면서 구단과 갈등했던 앙금이 남은 것이 가장 큰 이유였다고 생각했다.

그는 자리에 연연하지 않았다.

누구보다 일찍 출근하고 가장 늦게 퇴근할 정도로

열과 성을 다해 일하며

야구장에 출근할 수 있는 것 자체에 행복해했다.

장효조는 2005년 천신만고 끝에 스카우트라는 낯선 이름표를 달고 삼성에 돌아왔다. 고교와 대학야구가 벌어지는 전국의 야구장을 누비며 좋은 원석을 찾아내는 것이 그의 임무였다. 사람들은 그의 선택을 의외로 받아들였다. 이미 후배들이 감독과 코치로 자리를 차지하고 있는 상황에서 최고의 스타였던 그에게 어울리지 않는 자리였기 때문이다. 하지만 그는 자리에 연연하지 않았다. 누구보다 일찍 출근하고 가장 늦게 퇴근할 정도로 열과 성을 다해 일하며 야구장에 출근할 수 있는 것 자체에 행복해했다. 공을 치기 위해 노려보던 매서운 선구안으로 좋은 유망주를 발굴해 팀의 전력에 조금이나마 보탬이 된다면 어떤 궂은 일도 마다하지 않겠다고 말하기도 했다.

2009년 가을 장효조는 삼성의 2군 수석코치 겸 타격코치로 현장에 다시 복귀하였고, 이듬해 류중일 코치가 선동렬 감독의 뒤를 이어 후임 감독에 오르자 2군 감독으로 선임되었다. 그는 후배인 류중일 감독을 도와 삼성을 최강팀으로 만들겠다며 새로운 팀을 이끌 유망주 육성에 전념했다. 그는 특히 선수들의 재능보다 인성에 주목했다. 자신이 작은 키라는 콤플렉스를 딛고 피나는 훈련과 연습을 통해 최고의 타자로 거듭났던 것처럼 야구를 천직으로 여기며 열정을 불사를 수 있는 정신적인 무장이 되어 있는 선수를 만들기 위해 노력했다. 강한 정신력과 뚜렷한 목표의식을 갖고 기량을 연마한다면 언젠가 빛을 발할 날이 있을 거라면서 늘 긴장을 잃지 마라며 선수들을 다독였다. 배영섭, 김상수를 비롯해 그가 조련한 제자들은 2011년 삼성의 정규 시즌 우승을 일궈냈고 한국시리즈와 아시안시리즈를 연이어 제패하며 사상 최초로 3관왕이라는 위업을 달성했다. 하지만 그는 우승의 순간에 그들과 함께하지 못했다.

프로야구 30주년을 기념하며 선정한 레전드 올스타 베스트 10 행사에 참가해 건강한 모습으로 밝게 웃던 그는 올스타전을 전후해 갑작스러운 몸의 이상을 느끼고 병원을 찾았다. 자신의 건강이 심각한 상황이라는 사실을 알고 난 뒤에도 그는 구단과 후배들에게 조금이라도 누를 끼칠까봐 외부에 구체적인 병명이나 투병 사실을 알리지 말아 달라고 요청했다. 그리고 조용히 자신과의 마지막 싸움을 시작했다. 언론에 그의 투병 사실이 알려진지 채 한 달도 안 되었을 무렵 그가 세상을 떠났다는 소식이 전해졌다.

장효조는 고집스럽게 자신이 생각한 대로 살았고 마지막까지 그답게 마무리했다. 진정으로 야구밖에 모르고 살았던 위대한 타자 장효조. 프로로 입문한 삼성에서 시작한 2군 감독 생활도 서서히 본궤도에 오르고 있었고, 자신이 키운 선수들과 함께 우승을 꿈꾸고 있던 순간 그는 갑작스럽게 우리 곁을 떠나고 말았다. 이제 그를 추억 속의 선수로만 떠올려야 한다는 사실이 너무도 안타깝고 가슴 아프다.

12년 전의 인터뷰

　필자가 장효조를 취재차 만났던 것은 2000년 여름이었다. 그를 만난 일이 어느덧 10년이 훨씬 넘었다는 사실이 믿어지지 않는다. 당시 후추닷컴 명예의 전당 제19호 헌액자로 선정된 그에 대한 자료 취합과 본문 집필 작업이 어느 정도 자리 잡아갈 무렵, 필자와 동료 스태프는 그와 인터뷰 약속을 잡고 대구로 향했다.

　당시 삼성 라이온즈 2군 타격코치로 재직 중이던 장효조를 만나기 위해서는 삼성의 경산 볼파크로 갔어야 했지만, 우린 경산에 가기 전에 그의 모교인 대구상고(현 대구 상원고)에 먼저 들렀다. 그와 30년 지기였던 당시 대구상고 야구부 김한근 감독과의 인터뷰가 먼저 약속되어 있기 때문이었지만, 70년대 고교야구 돌풍을 이끌었던 대구상고의 '성지聖地'를 밟아보지 않을 수 없었던 이유도 있었다. 고등학교 야구 시설치곤 나쁘지 않다는 첫인상과 교정이 의외로 조용했다는 기억이 어렴풋이 난다. 그리고 역시 대구는 덥다는 생각을 했다.

김 감독과의 인터뷰까지 마치고 경산 볼파크에 도착했을 때 어느덧 시각은 늦은 오후였다. 우리나라에도 이런 훌륭한 2군 야구단 시설이 있다는 게 믿어지지 않을 정도로 감동적이었던 경산 볼파크 야구장에는 2군 선수와 재활 선수들 몇몇이 조를 이루어 개인 훈련을 하고 있었다. 하지만 장효조 코치의 모습은 보이질 않았다. 순간적으로 온갖 생각이 다 머릿속을 스쳤다. '혹시 무슨 일이 있어서 경산에 안 계시는 거 아냐?' 헐레벌떡 휴대폰으로 연락을 취했더니 '허허허……' 웃으시며 실내 연습장으로 오라고 하셨다. 실내연습장에 들어선 순간 시설이 매우 잘 되어 있어 다시 한 번 놀랐다. 좋아도 너무 좋았다. 이런 훌륭한 환경에서 훈련하면서 한 번도 한국시리즈에서 우승을 못했다는 사실이 믿기지 않았고, 우승이라는 영광은 결국 헝그리 정신에서 비롯되는 게 아닌가 하는 생각도 교차했다.

저 멀리서 푸른색 라이온즈 점퍼를 입고 어느 선수의 개인 타격 지도를 하고 있는 그의 뒷모습을 보면서 장효조란 걸 바로 알아차렸다. 현역시절보다 몸집은 좀 불었어도 서 있는 모습이나 배트를 어깨에 걸치고 있는 모습은 누가 봐도 장효조였다. 이런저런 근황과 볼파크의 환경, 훈련 내용 등에 대해 간단히 얘기하고 나니 벌써 해가 저물었고 선수단 훈련 시간은 종료되었다. 샤워하고 곧 나오겠다며 그는 볼파크 내 숙소로 들어갔다.

이후 경산 시내의 한 갈빗집에서 갈비와 맥주 2병을 시켜놓고 장효조 코치와의 공식 인터뷰가 이루어졌다. 장효조는 말을 참 많이 아끼고 있다는 인상을 제일 먼저 받았다. 표현 하나도 쉽게 내뱉지 않는 것이 마치 구단의 누가 옆자리에 배석한 것 같은 느낌이 들 정도였다. 천하의 장효조도 삼성으로 돌아온 이상 모든 걸

신중하고 조심스럽게 대한다는 생각을 그 당시 많이 했었다.

스포츠 선수들은 감정과 아드레날린adrenaline의 영향을 참 많이 받는 직업의 소유자들이기에, 분위기가 좀 무르익고 전문용어로 '펌프질'을 좀 하면서 장단을 맞춰주면, 질문한 내용 이상의 대답을 술술 털어놓는 경우가 참 많다. 당시 후추닷컴의 기사 작성을 위해 어림잡아 100여 명의 스포츠 스타들을 만나봤지만, 장효조만큼 '몸을 사리는' 사람은 없었다는 기억이 난다.

필자가 '장효조'란 이름 다음으로 좋아하던 그의 눈빛만큼은 그때까지도 펄펄 살아있었다. 그 눈빛 때문에 당시 장효조의 가슴속엔 아쉬움과 섭섭함, 허전함 같은 감정들이 많이 담겨 있었던 것도 짐작할 수 있었고 인터뷰하는 과정에서도 그것을 느낄 수 있었다.

뛰어난 스타 출신 지도자가 많지 않은 건 사실이다. 코칭coaching의 기본은 인내와 격려. 스타 출신 감독이나 코치는 지도하는 선수들이 왜 실전에서 자기 실력을 제대로 발휘하지 못하는지 이

장효조의 가슴 속엔 아쉬움과 섭섭함,
허전함 같은 감정들이 많이 담겨 있었던 것도
짐작할 수 있었다.

해하기 어려워하는 경우가 많다. 거기서부터 그들의 코칭 커리어의 내리막이 시작되기도 한다. 당시 만난 장효조는 그 갈림길에 서 있는 모습이었다. 코치로서 자신의 자질을 성찰하기도 하면서, 따라와 주지 못하는 선수들의 역량에 의문을 품기도 하면서, 그리고 '내가 지금 대체 여기서 뭘 하고 있는 건가?' 하는 근본적인 물음표의 해답을 찾는 중이었던 것 같았다.

경산에서 우리가 만난 2군 타격 코치 장효조는 '물컵에 빠진 기름'과도 같아 보였다. 흡수되고 흡수하는 그런 화학적 융화작용과는 거리가 먼 자기 자리가 아닌 곳에 와 있는 사람 같아 보였다. 그래서 더 마음이 아팠다.

저녁을 마치고 헤어질 때, 그는 언제나 그랬듯이 조금의 흐트러짐도 없이 고개를 꼿꼿이 세우고 당당한 자세로 숙소를 향했다. 당당하고 단단했던 장효조의 뒷모습. 그게 내가 간직하고 있는 장효조의 마지막 모습이다. 그의 그 당당함과 단단함이 그라운드에서는 최고의 찬사를 가져다주었을지 모르나, 그가 '그 후의 삶'을 발견하고 얼싸안기까지 얼마나 큰 어려움과 좌절을 맛보게 될지 조심스럽게나마 추측할 수 있었다.

••• 2군 코치

:: 요즘 하루 일과가 어떠세요?

지금 일주일에 네 번씩 시합을 합니다. 화, 수, 금, 토. 거기에 쉬는 날은 월요일이고. 화, 수 시합하고 목요일은 시합이 없고. 금, 토 시합하고 또 일요일 날 연습하고.

:: 롯데에서 1군 코치하실 때랑 지금 여기 2군 맡아서 하시는 거랑 뭐가 제일 다르세요?

저는 프로선수 생활을 늘 1군에서 했기 때문에 사실 2군 경험이 부족해요. 그래서 2군 코치 경험이 도움될 거로 생각합니다. 작년에 1년 동안 미국 갔다 온 일도 그렇고, 이번에 내가 2군 보직을 맡은 것도 구단이나 주위에서는 앞으로 감독이 되려면 필요한 과정이라고들 말합니다. 사실 저 같은 경우 코치 생활을 선수 은퇴하자마자 바로 시작했기 때문에 지금까지도 여러 가지 미숙한 게 많은 것 같아요. 그때 당시를 되돌아보면 아, 내가 지도자 수업을 정석대로 받은 게 아니구나. 선수 마치고, 나름의 과정이란 게 있는 건데 그 과정이 잘못되었구나 느낄 때도 있어요.

그렇지 않다는 사람들도 있고, 평탄하게 코스대로 가는 사람들도 있기는 한데, 제가 개인적으로 생각할 때 그런 것 같아요. 2군 코치 생활을 한 4개월 정도 해보니까 '아, 이거는 우리 같은 사람이 분명히 한 번쯤은 겪어야 할 코스다' 그렇게 개인적으로 느꼈습니다.

:: 요즘 2군 선수들 가르치는 생활은 흡족하세요?

1군은 시합 위주로 하니까 선수들 행동 하나하나에 크게 신경 쓸 거는 없어요. 지금 같이 있는 우리 2군 선수들은 나이도 어리지만 여러 가지로 기량도 모자라고, 또 정신적으로도 조금 자유분방한 점이 있어서 그런 점을 고려해서 교육 하느라 신경을 많이 써야 합니다. 이 선수들이 빨리 1군에 올라가서 훌륭한 선수가 될 수 있도록 나름대로 공부도 해야 하는 그런 과제도 참 많죠. 일이 많다 보니 어떨 때는 보람도 느끼고 어떤 때는 힘들기도 하고 그렇습니다.

:: 어떻게 보면 현장에서 좀 멀어져 있는데 좀 답답하지는 않으세요?

답답할 때도 있죠. 그런 답답함을 참아야 하지 않나 싶습니다. 저도 그랬지만 처음부터 잘하는 선수는 없습니다. 중고등학교 때 후보 생활도 많이 했기 때문에 제 나름대로 2군 생활에 대한 노하우는 좀 있는 것 같습니다. 저 역시 후보를 맴돌다 그런 역경을 딛고 기회를 잡아서 이렇게 스타 대열에 끼게 되었는데, 보통 일반 사람들이 보기에는 제가 프로에 와서 2군 선수로 뛴 경험이 없었기 때문에 힘든 점이 많지 않겠느냐 생각해서 궁금해하시는 것 같아요.

　물론 힘든 점은 있어요. 그렇지만 나름대로는 어떤 보람도 있죠. 후배 선수들한테 어떤 교육을 하려면 자기가 갖춘 실력 이상의 지식과 노력이 필요해서 그렇기도 하지만, 제가 볼 때 우리 2군 선수들이 제일 부족한 게 '기' 같아요. 선수들이 관중도 없이 야구를 하면서 사람들에게 관심을 받지 못하다 보니 기가 죽어 있어서 심리적으로도 불안한 경우가 많아요. 그러다 자칫 잘못하면 주변 환경 때문에 어린 나이에 일찍 포기하거나 나쁜 길로 빠지는 경우도 많이 생기죠. 그래서 그런 선수들이 포기하지 않고 끝까지 희망을 잃지 않고 야구를 할 수 있게 돕는 심리적인 면을 잘 관리해주는 게 제일 중요하다고 생각해요. 그런 게 어렵고 힘든 거지요.

··· 대구

:: 대구에 지금 11년 만에 돌아오신 건데 예전 친구분들은 좀 만나셨 나요?

아무래도 2군 코치이고, 밖에 나와 있는 생활을 하다 보니 시간을 내서 자주 만나기는 어렵죠. 지금도 숙소에서 2군 선수들과 야간 연습을 하거나, 코치로서 여러 가지 일들을 처리하다 보니 시간이 잘 나지 않아요. 정규 훈련 외에도 아침에 일찍 일어나서 준비도 해야 하고, 저녁에도 보강 훈련을 해야 하고, 또 애들 교육도 따로 시켜야 하고, 그래서 가끔 쉬는 날 시간이 조금 남으면 짬짬

이 만나고 그렇죠.

:: **고향이 어디냐고 물으면 어디라고 그러세요?**

글쎄, 저는 그게 이상하게 됐어요. 태어난 데는 부산인데, 학교는 대구에서 나왔고. 그래서 제 고향을 부산이라고 제대로 알고 있는 사람이 드물어요. 대구중, 대구상고 이렇게 쭉 대구에서 학교를 나왔기 때문에 대구라고 알고 있는 사람들이 많아요.

:: **본인은 어디가 더 편하세요?**

어디가 편하다 이런 거보다는 비슷한 도시라고 생각하는 거니까. 대구도 대구 나름대로 좋은 점이 있고, 또 부산은 항구 도시니까 그런 좋은 점도 있고.

••• 연습벌레

:: 대구중학교 때, 혼자 생활하면서부터 본격적으로 연습을 많이 하지 않으셨나요?

그때는 외로움을 달래려고 그랬는지도 모르죠. 제 아버님께서 돌아가셨을 때 제가 중학교 1학년이었어요. 지금 생각하면 꼬마나 마찬가진데. 글쎄, 운명인지는 모르겠지만 그렇게 생각하고 받아들인 것 같아요. 누가 그렇게 하라고 지시한 것도, 부모가 하라고 시킨 것도 아닌데 야구를 내 운명이라고 생각했던 거죠. '집안이 이렇게 기울게 되면, 지금 하고 있는 야구가 앞으로 내가 살아가야 할 길이 아닐까?'라는 생각을 제일 먼저 했어요. 주위에서 말해주는 사람도 없었고, 어떻게 보면 스스로 깨달은 거죠. 물론 나중에 주위에서 도움도 받았지만, 그 당시에는 하여튼 스스로 모든 것을 해결했던 거 같아요. 스스로 생각하고 판단하고…….

∷ 장효조 선수한테 연습이나 훈련은 어떤 의미입니까?

그건 내가 나 자신을 보호해 줄 수 있는 가장 큰 무기라고 생각합니다.

자랑하는 것이 아니라 2군 선수들한테 진짜 호소하듯이 옛날에 제가 연습했던 그런 과정들에 대해 자주 이야기해주고 있어요. 그런데 아까 얘기했던 것처럼 신세대적인 사고방식을 가진 사람들은 '그렇게 하지 않고도, 쉽게 할 수 있는 다른 방법이 있지 않을까?' 그렇게 생각하는 것 같아요. 컴퓨터에 비유해 말하자면, 옛날에는 책을 보고 찾았던 정보를 지금은 버튼만 누르면 찾을 수 있는 것처럼 그런 방식을 찾겠다는 거죠.

누가 그렇게 하라고 지시한 것도,

부모가 하라고 시킨 것도 아닌데

야구를 내 운명이라고 생각했던 거죠.

'집안이 이렇게 기울게 되면,

지금 하고 있는 야구가 앞으로 내가 살아가야 할

길이 아닐까?' 라는 생각을 제일 먼저 했어요.

물론 그건 시대적으로 그렇게 돼야 하는 게 맞는데, 운동이란 건 그렇지가 않거든요. 어느 분야든 최고의 자리에 오른 사람들은 모두 각고의 노력을 기울였겠지만, 운동선수들은 다른 분야에 비해 노력의 과정 자체가 다르지 않을까 싶어요. 외국에서 유명한 운동선수들을 그 나라의 국가원수 이상으로 대우하는 것도 그 사람의 지난 과거의 노력과 과정 같은 것을 높이 평가하기 때문에 그렇지 않나 싶은 거죠.

:: **그런 선수들은 죽을 때까지 잘해주잖아요.**

죽고 난 뒤에도 그렇게 한다고 해요. 지금은 어떤 생각의 차이가 아닐까 그렇게 봅니다. 앞으로 조금 더 세월이 지나고 나면 운동을 잘해서 대우해준다는 차원이 아니라 이 사회에서도 그런 노력을 기울인 사람들을 인격적으로나 인간적으로 대우하는 그런 날이 오지 않겠느냐 기대하는 거죠.

∷ 우리도 곧 그렇게 되겠지요. 이것도 훈련 얘긴데요. 아마야구 하시다가 프로 데뷔하실 때 나무 배트 적응이 잘 안 돼서 한동안 바닥에 발 무늬가 생길 정도로 혼자 안방에서 스윙 연습을 하셨다는 소문이 있는데 그게 사실입니까?

뭐 그 정도는 아니고. 그건 좀 과장된 표현이죠. 하여튼 그때는 좋은 대우를 받고 프로에 입단했는데 배트 적응도 잘 안 되고 그래서 운동을 잘하고 못하고를 떠나서 사람들의 기대에 부응할 수 있는 그런 성적을 내려면 결국 '내가 움직이고 변해야겠다' 그런 생각이 먼저 들어서 더 열심히 훈련한 거죠. 프로 생활을 처음 시작할 때 '장효조가 아마추어 때나 잘하지 프로에 와서도 설마 통하겠느냐?' 그런 반응에 수긍하고 예전처럼 훈련했다면 그런 기록은 없었을 거예요. 과장된 표현일지 모르겠지만, 저는 자꾸 채찍질하고, 연습에 몰두하고, 안 되는 게 있으면 고민하고 그러면서 성장하는 타입인데, 프로 첫해는 정신적으로나 육체적으로 굉장히 힘이 들었던 한 해였어요. 그렇게 힘든 일 년을 보내고 나니까 산에 오를 때가 더 힘든 것처럼 올라서고 나니 다음 해부터는 산에서 내려올 때처럼 마음이 편해지고 적응이 잘 되더라고요.

:: 나무 배트와 알루미늄 배트의 가장 큰 차이점이 뭔가요?

제 생각에 나무 배트는 순간 스윙 속도가 빨라야 해요. 그러니까 볼이 배트에 맞을 때 그 속도가 빨라야 하는 거죠. 그걸 빠르게 하려면 힘으로 하는 게 아니니까 계속 반복해서 연습하는 수밖에 없죠. 그게 가장 차이가 큰 것 같아요. 아마추어에서 알루미늄 배트를 쓰다가 프로에 와서 적응을 잘 못 하는 선수들을 보면 그런 것을 빨리 깨닫지 못해서 그런 게 아닐까 생각하죠.

한편으로는 지금까지 이렇게 야구를 잘해 왔는데, 프로에서도 잘할 수 있다는 그런 자신감이 있으면 조금 쉽지 않을까 생각합니다. 그런데 그렇게 자만하다가 실패한 선수들도 또 많아요. 지금도 우리 팀에 아마에서 잘하던 애들이 들어오면 그런 이야기부터 해요. '우선 내가 고쳐야 하겠다. 교정해야 되겠다'고 하는 생각이 기본적으로 들지 않으면 그건 고쳐지지 않는다고 말하죠. 아무리 좋은 코치가 오더라도 그 말에 수긍하지 않으면 그건 고쳐지지 않는다고요.

:: 그런데 장 코치님은 동계 훈련을 게을리했을 때는 그다음 해에 바로 티가 나는 그런 스타일이 아니었나 싶기도 해요. 83년도 데뷔 시즌 후에 좀 불만족스러운 연봉 문제 때문에 동계 훈련을 좀 게을리했더니 그다음 해 3할 2푼대로 떨어졌던 경우도 있고, 또 87년 MVP 받은 이후에 한창 또 시끄러웠을 때, 그때도 그다음 시즌에 조금 부진하셨고. 반면에 은퇴하기 전 91년도에 타격 2위 하셨을 때를 보면 그 전해 동계훈련 때 피가 나도록 혹독하게 훈련 치르신 다음이라 불혹의 나이인데도 그렇게까지 타율을 높이 유지하실 수 있었던 것 같고요. 그러니까 훈련과 성과가 너무 비례하는 스타일 같으세요.

맞습니다. 그건 저 혼자뿐만이 아니고, 우리나라에서 야구를 하는 사람은 다 그렇다고 봅니다. 우리가 조금만 느슨해지고 자기

운동을 잘하고 못하고를 떠나서
사람들의 기대에 부응할 수 있는 그런 성적을 내려면
결국 '내가 움직이고 변해야겠다'
그런 생각이 먼저 들어서 더 열심히 훈련한 거죠.

생각이 조금만 바뀌게 되면, 그게 바로 자기 기록이나 그해의 성적에 영향을 미치는 거죠. 그건 누구나 의식적으로 알고 있고, 야구 선배님들도 그렇게 하시죠. 저도 교육을 그렇게 받아 왔고.

∷ **그래요? 그건 확실한 겁니까?**

운동이란 거는, 쉽게 이야기하면 하루아침이나 한 달 만에 되는 게 아니거든요. 그렇다고 몇 년 만에 되는 것도 아니고. 그래서 저는 밀가루 반죽을 붕어빵 기계에 넣어서 시간 되면 구워져 나오는 것처럼 쉽게 생각할 게 아니라 젊은 선수들이나 구단 관리자들에게 운동을 먼저 해본 선수의 입장에서 과정이 좋아야 결과가 좋다고, 운동이라는 것은 과정이 나쁘면 절대로 결과가 좋아질 수 없다고 말합니다. 간혹 과정이 나쁘더라도 좋아진 사람들도 있어요. 하지만 그것은 '너무 엄청난 큰 도박이 아니냐.' 저는 그렇게 생각합니다.

••• 장효조의 등장

:: 대구상고 시절 73년 2학년 때 3관왕, 74년 3학년 때 2관왕 하셨어요. 그중에서 가장 기억에 남는 대회나 경기 있으세요?

중앙 무대에서 빛을 보게 된 게 고등학교 2학년 대통령배 대회에서였죠. 그전에는 무명의 후보 선수였어요. 그 대회가 제 선수 생활에 전환기를 맞게 해 준 그런 대회이기 때문에 기억에 남아요. 당시에 그런 활약을 펼치지 못했다면 지금의 장효조는 없었을 거로 생각합니다. 왜냐하면, 그때 여러 조건이 안 좋았어요. 신체적으로도 열세에 있었고 그동안 많이 알려지지도 않았었고. 그때도 주전 멤버가 아니었는데 대타로 나가서 행운을 잡았다고 생각합니다. 그게 계기가 돼서 시합에도 계속 출전하게 되고, 출전하다 보니까 좋은 성적을 내서 타격상도 받게 되고. 그때부터 장효조라는 이름이 세상에 알려지기 시작했는데, 지금도 그때 기사나 사진을 스크랩해 놓은 걸 쭉 보면 어떤 감회가 떠오르죠. 여러 대회에서 많이 우승했지만, 개인적으로는 그 대통령배 대회가 제 인생에 어떤 전환점이 되지 않았나 생각합니다.

:: **그런데 장 코치님이 정말 펄펄 날았던 경기는 2학년 봉황대기 대회라고 그러던데요?**

그렇죠. 2학년 때 우리가 봉황대기, 황금사자기에서 우승했는데, 그때부터 쉽게 말하면 자신감을 얻었으니까. 하여튼 그때부터 계속 승승장구했다고 할까? 결국, 운동은 일단 리듬을 잘 타야 하는데 당시 우리 팀이 그렇게 우승하면서부터 자신감이 생기고 여러 가지로 잘 되었던 것 같네요.

∷ 당시 고등학교 2학년 장효조 선수의 가장 큰 장점이 뭐였다고 생각하세요? 발도 빨라서 도루도 엄청나게 하셨던데…….

그때는 발이 빨랐었죠, 어깨도 좋았고.

∷ 포지션이 어디였어요?

그때는 1루수를 봤죠.

∷ 3학년 때는 팀 성적이 2학년 때보다 좋지 않았는데 그 이유를 어떻게 보시나요?

그렇게 좋았던 2학년 멤버들이 3학년이 되면 더 성적이 좋아야 하는데 2학년 때보다 나빴던 이유는, 결국 야구라는 운동이 팀워크가 조화를 이뤄야 하는데 당시 우리는 나이도 어리고 생각도 부족해서 서로 조금씩 방심하고 자만해서 그런 결과가 나왔다고 생각해요.

그런데 당시 워낙 멤버가 좋았기 때문에 그렇게 자만할 수밖에 없었죠. 그렇지만 인생을 살아오면서 그렇게 자만하면 안 된다는 것을 운동을 통해 일찍 깨달은 건 다행인 거죠. 그런 걸 책에서 본 것도 아니고 우리가 피부로 스스로 느낀 거니까 참 좋은 교훈을 얻었던 거 같아요.

••• 성인야구

∷ **어떻게 한양대에 진학하게 되셨나요? 물론 그때 한양대가 대학야구 최고봉이었지만……**

그때 집안 사정이 대학교에 진학할 만한 형편이 안 됐었어요. 학교 선배님 집에서 방을 하나 빌려서 그 선배와 함께 살 땐데, 우리 위 3년 선배 때부터 대학교에 진학하는 붐이 일어났었어요. 그래도 은행 소속 실업팀에 가야 돈을 벌 수 있으니까 그렇게들 많이 갔었죠. 우리가 대학교에 가려면 당시에는 연대, 고대가 최고의 희망이었죠. 지금도 마찬가지지만 연대, 고대를 가야 '참 좋은 대학교 들어갔다' 그런 소리를 들었으니까요. 그런데 저는 집안 형편이 어려우니까 대학교 진학은 꿈도 못 꾸고 있었는데 한양대학교 스카우트가 와서는 '은행에 가는 만큼 보장해주겠다' 그런 얘기를 하는 거예요.

∷ 제가 듣기로는, 한양대에서 집과 생활비와 부속병원 비용까지 다 보장해주겠다는 조건을 제시했었다고 하던데 맞습니까?

그건 어디서 들었어요? 그 정도 알면 진짜 많이 아는 겁니다. 제일 좋은 조건을 한양대 쪽에서 제시하니까 바로 갔죠. 바로 사인했어요.

운동이라는 것은 과정이 나쁘면
절대로 결과가 좋아질 수 없다고 생각합니다.

:: 한양대학교 다니실 때 훈련량이 달라진 탓도 있었겠지만, 장거리 달리기가 유독 힘들어서 병원에서 진찰받아보니까 남들보다 심장이 좀 작으셨다면서요?

예. 그래서 폐활량이 좀 적다고 그러더라고요.

:: 한양대 성적은 어떠셨나요?

그때는 그렇게 썩 좋지는 않았어요. 그래도 우리가 매년 한 번씩 우승도 하고 그랬죠. 근데 당시에는 대학야구의 붐을 일으킨 게 우리 한양대학교라고 그렇게 남들이 인정하고 그래서 뿌듯했죠. 그래도 고등학교 때처럼 한 해에 세 번 우승을 하거나 그렇지는 않았어요. 하여튼 그때는 대학야구에 어떤 활기를 불어넣고 부흥을 시키는 일에 일조는 했다고 보는 거죠. 그때는 한미 대학야구 친선대회도 할 땐데 결승전에 오르면 거의 3만 명씩 오고 그랬으니까요. 관중도 많았고 한창 재미있을 때였죠.

∷ 포철에 입단하신 이유는 뭐였습니까? 당시 박태준 회장님이 특별히 배려를 많이 해주셨다고 그러던데, 구체적으로 어떤 배려를 많이 해주셨나요?

그때도 결국 돈 때문에 그랬죠. 박 회장님은 지금도 사석에서 만나면 저를 굉장히 이뻐해 주시죠. 야구를 너무 많이 아십니다. 좋아하시고. 축구보다는 야구를 굉장히 많이 좋아하십니다. 그래서 어쨌든 조건도 조건이지만 그때 계약서 사인할 때 회장님과 독대도 했습니다.

∷ 그 당시 조건이 사상 최고였습니다. 계약금 1천5백만 원에, 집 제공해주시고…….

그렇지는 않았어요. 그렇지는 않고, 저는 지금도 그렇지만, 어떤 조건을 제시한다기보다는 다른 것 신경 쓰지 않고 야구에만 전념할 수 있는 환경을 만들어주시면 계약했죠. 그러니까 그때 집이 없었으니까 집만 제공해주면 한 번에 앉은 자리에서 계약하는 식으로 계속 그렇게 한 거였죠.

∷ 경리단 가실 때 납치당하셨죠? 그거 얘기 좀 해주세요.

그때 야구 선수들이 군 복무하려면 공군하고 육군 중에 선택해야 했거든요. 공군은 지원이고 육군은 지원이 아니고. 지금도 마찬가지겠지만, 공군이 복무 기간은 조금 길지만 육군보다는 자유롭고, 그래서 그 당시에 공군에 가는 동기들이 굉장히 많았어요. 대학교 가고, 대학원 등록하고 1년 있다가 가는 거죠. 지금 식으로 말하면 연기나 마찬가진데. 그래서 저도 공군으로 가려고 4월에 동기들끼리 시험을 쳤어요. 그런데 갑자기 육군에서 작전이 이루어진 거예요. 당시에 육군 단장님 계급이 대령인데, 전 대통령의 육사 동기였던 모양이에요. 그래서 위에서 직접 지시를 내렸다나 봐요. '어떻게든 육군에 데려와라.' 군대 용어로 이야기하면, '체포해 와라.' 그래서 그때 공군 입대 이틀인가 하루 전날 새벽

세 시 반쯤에 헌병대 차 타고 경리단에 가게 된 거였죠.

:: 그러고 나서 첫 대회에 공군하고 육군하고 라이벌전을 했는데 우승하셨다면서요?

예, 입대하고 그때 바로 우승했죠. 그래서 3개월 특별 휴가받고 그랬죠.

:: 아마추어 시절에 많은 경기를 치르셨는데, 고등학교부터 대학교를 거쳐 국가대표로 활약하는 동안에 가장 아쉬웠던 경기가 있다면 얘기 좀 해주세요.

82년도에 세계 야구 선수권 대회를 할 때 한대화 선수가 홈런을 치기 전 타석이 바로 제 타석이었어요. 한대화가 그때 스리런 홈런을 치는 바람에 제가 잘못했던 게 묻혔는데 그 경기가 기억에 남네요. 당시에 제가 홈런이나 결승 타점을 날렸다면 아마 영웅이

됐을 거예요. 하지만 제가 못 쳤고, 한대화 선수도 홈런을 못 쳤다면 우리 모두 역적이 되었겠죠. 뭐 역적이라고 해봐야 나라 팔아먹고 그런 건 아니지만, 당시 분위기가 그랬어요. 그래서 지금 돌이켜 생각해보면 그 경기를 본 모든 국민들도 그렇게 느끼셨겠지만 시합 내용이라든지 모든 게 다 극적이었기 때문에 참 좋았던 순간이면서도 저로서는 제일 아쉬움이 남는 경기이기도 하지요.

:: 국가대표 하실 때, '장효조는 국내용이다' 그런 지적도 많이 받으셨죠?

야구는 기록경기니까 해외 경기 기록이 좋지 않아서 그런 말이 나왔겠죠. 그렇더라도 한 번쯤은 잘했을 때도 있었을 텐데. 그게 결국 상대 투수에게 적응을 잘 못 해서 그렇지 않았나 생각해요.

:: 해외 나가면 그렇게 안 맞으시던가요?

글쎄, 모르겠어요. 국내에서 못해도 해외 나가면 잘하는 선수들이 있는데, 저는 지금 생각해도 정확한 이유는 잘 모르겠지만, 분위기 자체가 달라서 그러지 않았을까 생각해요. 그래도 80년에 일본에서 열린 세계 야구 선수권 대회에서는 처음으로 그 빚을 갚았죠. 원래 원숭이띠가 좀 그런 게 있나 봐요. 그때 제가 외국만 나가면 워낙 못하니까 대표 선발위원회에서도 '장효조는 뽑지 말자' 그런 말까지 나오고 그랬었데요. 그런데 당시에 대한야구협회 부회장하고 계시던 야구 대선배님께서 저를 참 좋아하셨어요. 그래서 '우리가 장효조를 믿고 한번 기다려보자' 그렇게 돼서 저는 한 번도 탈락 안 되고 계속 대표팀에서 뛸 수 있었던 거죠. 일단 그렇게 계속 기회를 주시니까 부진을 만회할 기회가 한 번은 왔던 거 같아요.

:: 77년도 니카라과에서 열린 4개국 대학선발 야구 친선대회에서 애국가를 부르신 적이 있는데 어떻게 해서 부르게 되신 거예요?

70년대만 하더라도 니카라과는 물론 남미 쪽에는 우리와 국교

수립이 된 나라도 없었고, 한국이라는 나라 자체를 몰랐을 때였죠. 우리나라 공관에 가는 사람 외에는 현지에서 사는 사람이 거의 없어서 한국 식당도 없었죠. 그런 상황이라 대회 준비위원회 쪽에서 우리나라 국가를 준비 못 한 거예요. 그래서 우리가 테이프를 가져가야 하는데 그걸 모르고 안 챙겨 간 거죠. 한국 대사관이나 한국 사람 사는 데 가서 빌려 오면 되는데 그런 게 전혀 없으니까 어쩔 수 없이 육성으로 부르게 된 거였죠.

:: 그런데 왜 하필이면 장 코치님이 부르셨어요?

저도 모르죠. 그때 감독님이 저를 지목하시더니만 '너, 나가서 불러라' 하시더라고요. 그게 녹음이 돼서 각 지방을 돌며 시합할 때마다 계속 제가 부른 노래가 나온 거예요. 갑자기 애국가 부르라고 하면 가사를 잘 기억 못 해서 못 부르기도 하잖아요. 그래서 진짜 틀리면 어떡하나 싶어서 걱정했는데 하여튼 안 틀리고 다 불렀어요.

:: 대학 다니실 때, 성인야구 대회에서 최고 타율 5할 4푼 9리 치신 적 있으시잖아요? 그게 어떤 대회였나요?

대학교 3학년 때, 대학교, 실업팀이 모두 참가한 백호기 대회에서 그런 기록을 세웠었죠.

••• 타격의 달인

:: 선구안 얘기를 안 할 수가 없는데, 별의별 얘기가 다 있어요. 변화구 들어올 때나 브레이킹 볼 들어올 때 '대한야구협회 공인구'라는 글씨를 읽은 적도 있었다, 아니면 '실밥을 다 셌다'는 얘기도 있고.

그거는 과장한 얘기죠. 저는 한번 봤어요, 그렇게 말한 게 와전된 거죠. 어차피 변화구는 들어오다가 공기 저항 때문에 정지하면서 돌아가거든요. 그게 사실 정지도 아니에요. 느린 화면으로 다시 보면 정지한 상태로 보이지만, 육안으로 볼 때는 정지 상태가 아니죠. 하여튼 대학교 땐가? 프로에 막 들어온 80년대 초였을 거예요. 그게 한 번 보이더라고요. 뭐 제 자랑이 아니고, 볼에 진짜 집중을 하다 보면 그게 보일 수도 있는 거 같아요. 그 사람의 잠재된 능력이 충분히 나올 수 있는 거죠.

:: **930g짜리 배트를 주로 쓰셨죠?**

저는 가벼운 거 썼어요. 지금도 가벼운 배트를 선호하는 편입니다. 타격의 이론을 다룬 책을 보면 '자기가 들고 있는 배트를 젓가락처럼 잘 집을 수 있고 옮길 수 있어야 가장 좋은 젓가락이고 가장 좋은 배트다'라고 하거든요. 저는 그 말이 맞는 거 같아요. 장거리 타자다, 교타자다 그렇게 스타일로 보는 것보다는 그런 이론적인 차원을 떠나서 인체의 측면에서 배트를 역학적으로 자유자재로 움직일 수 있어야 변화되어 들어오는 볼을 자유자재로 때리면서 적응할 수 있다고 생각해요. 상대방은 빠른 볼을 던지는데 배트 속도가 맞지 않으면 그걸 잘 받아칠 수 없거든요.

:: 가장 전성기 때를 꼽는다면 언제였다고 생각하세요? 기량이 최고조에 달했을 때가 몇 년도였던 것 같으세요?

저는 그런 생각을 해요. 저도 그렇고, 이승엽 선수나 이종범 선수 같은 그런 잘하는 선수들한테 타격의 달인이다, 국민 타자다, 야구 천재다, 뭐 그런 수식어를 아주 쉽게 붙이는데 저는 그게 불만이에요. '국민 가수' 처럼 '국민 타자' 라고 너무 쉽게 이야기를 해요. 저는 그런 것에 반대하는 사람인데 왜 그런가 하면, '타격은 몸을 움직이는 게 아니고, 마음이 움직여야 몸이 움직인다' 라고 생각해서 그렇습니다.

제가 가르치는 선수들한테도 늘 그렇게 교육해요. 마음을 움직이려면 머리부터 움직여야지 그게 가슴으로 오고 가슴이 움직여야 그다음에 신체로 전달되는 것이다. 저는 그런 지론을 가지고 있어요. 제 말이 맞는지 안 맞는지는 모르겠지만, 결국 타격에 대해 점점 알게 될수록 바둑처럼 수 싸움이라는 생각이 많이 들어요. 우리가 그걸 알기 위해서는 결국 신체적인 조건이 절정기에

이르고 어느 정도 경륜이 되어야 가능한데 그때가 스물일곱이나 여덟인 것 같아요. 더 빨리 경지에 오르는 사람들도 있겠지만, 훌륭한 타자들 보면 신체 능력이 최고조에 달해서 힘을 가장 많이 쓸 수 있는 스물여섯, 일고여덟 정도에 타격에 진짜 눈을 뜬다면 합치되니까. 아무리 좋은 생각을 머릿속에 갖고 있더라도 몸이 말을 안 들어주면 그거는 안 되는 거니까. 그래서 스물일곱이나 여덟 정도가 되어야 그야말로, '이게 타격이고, 이게 히팅을 하는 거구나'를 알 수 있지 않겠느냐 생각하는 거죠. 저 같은 경우도 그 나이 정도, 그러니까 83, 84, 85년 그때쯤 그랬습니다. 그전에는 저도 치는 것만 알았죠. 나중에 87년 정도 돼서 서른 살이 넘어서 깨달은 거예요. 치기는 치지만, '이렇게 치면 이런 결과가 나온다'는 건 모르고 쳤던 때가 있었다는 걸. 그런데 지금 가장 중요한 게 '이런 스윙을 하면 그 타격에 관한 결과가 이렇게 나온다'는 거를 알고 넘어가는 거 하고 모르고 넘어가는 거 하고는 차이가 크다는 거죠.

마음을 움직이려면 머리부터 움직여야지

그게 가슴으로 오고 가슴이 움직여야

그다음에 신체로 전달되는 것이다.

:: **최전성기 때 일본이나 메이저리그에 갔으면 어떠셨을 거 같으세요?**

지금 제가 생각했을 때 우리나라가 투수는 돼요. 지금 우리 실력이 외국 나가더라도 투수는 되는데, 아직 성공한 타자가 없어서 그런지는 모르겠지만, 특히 일본이나 미국은 지금 우리 타자들의 수준도 마찬가지고, 내가 전성기 때 가까운 일본에 갔더라도, 우리나라 야구를 무시한다는 그런 관점에서가 아니라, 객관적으로 봤을 때 아직까지 기술적으로나 수 싸움에서나, 스윙 속도나 모든 것에서 좀 이르지 않나 싶어요. 그러니 제가 가더라도 아마 잘 안 됐을 거에요. 투수는 제가 볼 때 성공할 확률이 더 높은 거 같아요.

:: **장효조도 안 된다? 안 통한다?**

그렇지요. 그게 쉽게 생각해도 그렇잖아요. 미국은 두말할 필요가 없고, 가까운 일본도 30~40년 노하우 차이가 나는데, 기업도 마찬가지잖아요. 기업이나, 야구나 노하우는 똑같아요. 그게 어떻게 달라요. 경험만큼 좋은 게 어딨어요.

　우리는 지금 너무 쉽게 너무 빨리 성과를 얻으려고 하는 거라고 생각해요. 저도 성격이 급한 편이지만, 결과를 놓고 봤을 때에는 분명히 1단계, 2단계, 3단계 과정을 거쳐야 한다는 거죠. 검정고시 시험 치듯이 그런 과정을 통과해야 좋은 결과가 나온다고 생각해요. 그런 단계를 넘지 않으면 절대로 안 되는 거죠.

••• 트레이드

:: 88년도 1월 스포츠 신문의 가장 큰 이슈는 올림픽이 아니라 '장효조 방출 발표'였죠. 난리 났지 않습니까? 그때 장 코치님도 버틸 때까지 버티다가, 마지막에 '내 거취에 대한 견해 발표를 기자 회견에서 하겠다' 그러신 후로도 예정된 날짜를 이틀 뒤로 미루신 다음에 결국 3자회담을 하셨어요. 장 코치님이랑 당시 박영길 감독님이랑 또 이춘제 씨란 분. 맞죠? 나중에 전문가들이 '역시 장효조가 고수를 던졌다' 그런 평도 있었는데요. 그때 10여 일간의 심정이 어떠셨나요?

그때는 제가 잘 몰랐어요. '그저 기분 나쁘다' '섭섭하다' 이런 감정이 들었는데, 지금 우리 팀 소속 선수는 아니지만 작년에 양준혁 선수가 계약 문제로 시끄러울 때 그런 생각을 했어요. 양준혁 선수는 저와 친분도 있고, 학교 후배이고, 야구 후배라서 지켜보는 처지에서는 참 답답하더라고요. 제가 주제넘게 가서 뭐라고 할 수도 없는 거고. 혹시 그렇게 말할 수 있는 입장이 되면, 제 상황하고 좀 비슷하다고 생각하니까 이야기를 한번 해 줄 생각도 있었는데, 그런 기회도 없었고, 제가 가운데 서서 그렇게 말할 문제도 아니고 그렇더라고요.

지금 생각하면 그런 거지요. 당시에는 그저 '기분 나쁘다, 섭섭하다' 생각했지만, 다시 돌이켜보면, 그게 우리 사회의 모습이고 우리 기업의 생리였던 거예요. 우리가 지금 있는 사회를 나무라고 생각한다면 우리는 나뭇잎인 거죠. 나무의 주인인 뿌리는 회사니까. 그래서 우리가 그런 상황이 되면 둘 중에 선택해야죠. 참고 살든지, 안 그러면 나오든지. 그렇더라도 나뭇잎은 바람 불면 떨어지지만, 나무는 절대로 안 쓰러진다고요. 특별한 지지가 있으면 안 져요. 제가 그 팀에 없으면 안 될 때 지고 싶어도 안 진다고. 그건 외국에서도 마찬가지고. 그런데 우리가 자꾸 그런 문제에 부딪 치다 보니까 그게 싸움이 될 수가 없죠.

:: 그러면 선수협의회 같은 이슈에는 비슷한 견해를 갖고 계세요?

글쎄 저는 거기에 대해서는 이렇게 생각해요. 당시에도 하려다가 못했고 여러 가지 견해 차이가 컸죠. 시기상조다, 다음에는 잘 될 거다, 기초를 다진다 등등. 지금은 우리 사회가 민주화가 되었기 때문에 그런 요구들이 많아요. 우리가 부당하게 대우를 받는 것도 있겠지만, 싸움이란 거는 '상대가 누구냐'는 것도 우리가 한 번 생각해봐야 하거든요.

그걸 우리 능력만으로는 할 수가 없어요. 그런데 제3자가 이를 테면 변호사가 들어온다면, 그렇게 들어왔을 때 과연 이 사람이 진정으로 우리를 좋아해서 도와주는 건지, 이번에 국회의원 된 사람이 매스컴 타기 위해 그런 것처럼 다른 목적이 있는 건지 모르는 거라고요. 우리가 가진 생각 이상으로 사회생활하는 사람들은 우리와 달라서 못 이겨요. 저는 학교 선생이다, 군인이다 이런 사람들이 사회 나가서 적응 안 되는 것처럼 우리도 아침부터 저녁까지 연습하고 시합하고 그렇게 살던 사람들이라 세상을 잘 모른다는 거죠.

그래서 사람이 좋고 나쁨을 떠나서 그 사람들이 고의적으로 그렇게 한 건 아니겠지만, 진짜 외국처럼 우리 변호사들이 나서서 법률적으로 이렇게 하자고 했으면 우리도 되는데, 다른 생각이 있다는 말이죠. 다른 사람이 끼게 되면, 자기 이익을 챙긴다든가 하는 좋지 않은 점들이 자꾸 생길 수도 있거든요.

물론 우리가 지금까지 이렇게 해왔으니까. 제도 개선부터 좀 해보자는 근본적인 취지는 좋은데, 지금 상황은 주변에서 매년 보도 못 한 사람들이 우르르 나와서 '내가 도와줄게' 이런 식이다 보니 그렇게 해서 해결될 문제가 아니라고 생각하는 거죠. 유니폼 입고 발생한 문제는 유니폼 입은 사람들이 해결해야지, 남이 어떻게 그걸 해주느냐는 거죠.

가진 것 없이

'야구에 대한 꿈' 하나만을 되새기며

걸어온 야구인의 길.

장효조는 그렇게 살아왔다.

모자란 부분을 스스로 하나씩

채워가면서 말이다.

에필로그

장효조…… 그의 눈가엔 '독기'가 살아있었다. 찢어지게 가난했던 어린 시절을 야구 하나로 극복하기 위해 어금니를 악물던 그 표정이 사십 대 중반이 되어 만난 그의 모습에도 남아있었다. 참으로 가진 것 없이 '야구에 대한 꿈' 하나만을 되새기며 걸어온 야구인의 길. 장효조는 그렇게 살아왔다. 모자란 부분을 스스로 하나씩 채워가면서 말이다. 이 글을 쓰기 전까지만 하더라도 장효조에 대한 필자의 편견은 지독할 정도였다. '눈 감고 배트를 휘둘러도 3개 중의 하나는 안타를 만들 줄 아는 천부적인 배팅 감각의 소유자'라고 생각했다. 그리고 장효조의 '천부적인 재능'이 도대

체 무엇이었는지 자료를 뒤지고 또 뒤졌다. 선천적으로 그가 남들보다 월등한 부분이 단 한 가지 있었다. 바로 그의 '눈'이었다. 하지만 그에 대한 글을 쓰고 직접 만났던 열흘간 장효조에 대해 생각하고 느끼고 같이 숨 쉬면서 내린 결론은 '날아오는 변화구의 실밥을 볼 정도'였다는 장효조의 선천적인 선구안보다도 더 중요한 그의 '눈'은 '최고를 향한 비전'이었다는 사실을 금세 깨우칠 수 있었다.

다시 한 번 '천재 탄생'에 대한 얘기로 돌아가 보자. 어떤 천재는 태어나기도 하고, 어떤 천재는 만들어지기도 한다. 장효조의 경우 분명 '천재'라는 단어는 부적절한 표현이고 그의 숨은 노력을 간과할 수 있는 '칭찬 아닌 칭찬'이란 생각이 든다. 이 글을 마치면서 장효조에 대한 필자의 생각이 상당 부분 흔들리고 있음을 느낀다. '최고의 타자가 되기 위해서 가장 많은 노력을 했던 선수가 바로 장효조'였다고 주장하고 싶은 마음이 굴뚝같지만, 그가 그라운드에 남기고 간 기록들을 보면 노력 하나만으로 달성했다

고 하기엔 너무나도 믿기 어려운 부분들이 많아서 설불리 단언하기가 어려워진다는 얘기다. 지금 이 순간에도 열심히 티 배팅을 하고 있을 많은 꿈나무들의 싹을 짓밟기가 싫기 때문이다. 아무리 노력을 해도 장효조와 같은 타자는 쉽게 나오지 않는다는 사실도 한편으론 잘 알기 때문이다. '안타 제조기' 장효조가 우리에게 주는 교훈은 아마도 그런 게 아닌가 싶다. 그 어떠한 시련 앞에서도 야구에 대한 꿈을 접지 않았던 그처럼, 우리 모두가 '할 수 있다'는 꿈을 접는 순간 미래에 대한, 그리고 행복에 대한 희망마저 포기하며 사는 것일 거라고 말이다.

언제부터인가 스포츠 신문 야구면을 펼치면 '제2의 장효조'란 수식어가 눈에 띄기 시작했다. 30여 년 전부터 시작된 우리만의 야구 '유산Legacy'이다. 이렇게 오랫동안 기억해주는 스포츠 문화는 참으로 고맙고도 뿌듯한 일이 아닐 수 없다. '제2의 장효조'란 말을 한 번쯤 접해보지 못한 스포츠팬은 없을 거라 생각하지만, 과연 얼마나 많은 사람들이 '장효조'에 대해서 알고 있을까 궁금

하다. 과연 야구 전문가들이나 언론에서는 '제2의 장효조'란 비유를 적절하게 사용하고 있는 건지, 그들은 진정 '장효조'에 대해 정확히 알고 그런 비유를 쓰고 있는 건지 궁금하다. 정작 장효조 본인은 '제2의 장효조'란 표현을 달갑게 생각하고 있지 않았다. 그의 대를 이을만한 좋은 타자가 없다는 교만에서 비롯된 것이 아니라 '제2의 누가' 되겠다는 자세로는 진정한 최고의 대열에 설 수 없다는 확신에서 비롯된 말이었다. 이 세상에 장효조는 단 한 명밖에 없었다. '안타 제조기', '한국의 장훈', '타격의 달인', '영원한 3할 타자' 장효조는 이제 우리 곁에 없다. 이제 그를 후추 명예의 전당에 헌액한다.

장효조와의 추억

임호균 (전 프로야구 선수)

1970년대는 고교야구가 국민들에게 많은 사랑을 받았던 아마야구의 전성기였다. 효조와 내가 처음 만난 것은 고등학교 3학년이던 1974년, 대구에서 열린 국회의장배 대회 4강전에서였다. 당시 효조가 소속되어 있던 대구상고(현 상원고)는 명실상부한 한국 고교야구 최고의 팀이라 해도 과언이 아니었다. 그때 함께 경기를 뛰었던 선수들 가운데 현재 한양대 감독인 김한근과 이승후, 신승식, 하광희 등이 기억난다. 나는 인천고등학교 투수로 당대 최고의 팀이었던 대구상고와 맞붙어 노히트노런이란 영예스러운 기록을 만들어냈고, 이때부터 자연스럽게 효조와 친분을 가지게 되었다.

효조와의 인연은 우리 두 사람이 함께 고교야구 국가대표에 선발되면서 계속 이어졌다. 당시 고교 국가대표팀은 격년제로 한국과 일본을 오가며 친선시합을 벌이곤 했다. 그런데 1974년 8월 15일 광복절 행사에서 박정희 대통령의 영부인이었던 육영수 여사

1975년 고교 국가대표팀 대만 친선경기 멤버
뒷줄 오른쪽에서 세 번째가 장효조, 맨앞줄 오른쪽에서 첫 번째가 임호균이다.

가 피살되는 사건이 일어났고, 이 일에 일본 조총련계가 관련된 정황 때문에 정기적으로 열리던 한일 고교야구 친선경기가 취소되고 말았다. 대신 12월에 일본이 아닌 대만 고교팀과 시합을 하기로 결정이 되어 우이동에 자리한 도봉산장에서 합숙훈련을 시작했다. 우리들은 모교를 대표해 참가했다는 자부심과 태극마크를 달았다는 자랑스러움에 들뜨고 감사한 마음으로 합숙에 참여했다.

합숙하며 곁에서 지켜본 효조의 실력은 우연히 운이 좋아 만들어진 게 아니었다. 그는 손목 힘을 기르고 타격감을 키우기 위해 타이어를 설치해놓고, 타격 지점을 정해 밤새도록 배트로 가격하는 훈련을 거듭하고 있었다. 정규훈련을 마친 뒤 다른 친구들이 휴식을 취하고 있을 때도 효조는 어두운 곳에서 열심히 야구 배트를 휘둘렀다. 어떤 일이 있더라도 야구 배트를 절대 손에서 놓지 않았던 그때 효조의 모습이 지금도 눈에 선하다.

당시 효조는 다른 선수들에 비해 체격이 큰 편이 아니라 야구선수로서 좋은 조건은 아니었다. 그렇기 때문에 효조는 집념과 열정을 가지고, 남들과 다른 자기만의 방식을 찾기 위해 노력했고, 꾸준한 훈련을 거듭했다. 그런 것들이 지금 효조가 전설적인 타자로 평가받을 수 있는 실력을 키우는 밑거름이 되었다고 생각한다. 지금 생각해봐도 효조는 연습을 정말 많이 했던 것 같다. 남들보다 스윙 연습도 더 많이 했고 잠시 쉬는 중에도 투수들이 피칭 연습하는 모습을 유심히 관찰할 정도로 야구에 푹 빠져 살았다.

합숙훈련을 마친 고교 대표 선발군은 대만으로 시합을 가게 되었다. 당시 타이베이를 비롯한 대만의 여러 도시로 시합을 다녔는데 열대성 기후였던 탓에 활동이나 식사에 많은 어려움을 겪었다. 그때 먹은 음식 가운데 지금도 인상 깊게 남아있는 것이 바로 바나나다. 그 시절 바나나는 우리나라에서는 먹기 어려운 과일 중 하나였지만 대만에서는 돼지 사료로 쓰일 정도로 흔했다. 처음 맛보는 달콤함에 매료된 우리들은 변비에 걸릴 정도로 바나나를 많이 먹었다.

눈이 컸던 효조는 여고생들에게 가장 인기 있는 선수 중 한 명이었다. 효조가 여고생 팬들에게 받은 편지를 나에게도 살짝 보여주곤 했던 기억이 난다. 당시 여고생들이 우리에게 가장 많이 선물해준 것은 종이학과 손수건이었다. 여고생 팬과의 만남도 지금처럼 커피숍이 아니라 빵집에서 이루어지던 시절의 일이다.

대만 고교 팀과의 친선경기 때도 한국 선수들에게 많은 관심을 보이던 대만 여고생들이 국적을 떠나 효조를 비롯한 몇몇 선수들을 응원하기도 했다. 그만큼 고교 시절의 효조는 국내외를 막론하고 여성들에게 호감 받던 친구였다.

고교 졸업 후 효조는 한양대, 나는 동아대로 진학하면서 각기 다른 팀에 소속되어 서로 라이벌 관계로 만나게 되었다. 하지만 대학 선발군과 국가대표팀에 선발될 때마다 다시 만나 태극전사의 일원으로 최고의 팀워크를 이루는 늘 반가운 친구이기도 했다.

1977년 니카라과에서 열린 4개국 대학 선발 친선 경기와 대륙간 컵 슈퍼 월드컵 경기는 효조와 내가 함께했던 결코 잊을 수 없는 소중한 기억으로 자리 잡고 있다. 그해 6월 29일 대학 선발군으로 뽑혀 4개국 대학 선발 친선 경기를 위해 다녀왔을 때는 시합 전 애국가를 효조가 육성으로 직접 부르기도 했다. 당시 주최 측의 준비가 부족한 탓에 효조가 직접 부르게 된 것으로 기억하는데 흔들림 없이 당당하게 애국가를 부르던 기억이 난다.

그해 12월에 우리는 다시 국가대표팀에 뽑혀 대륙간 컵 슈퍼 월드컵 경기에 참가하게 되었다. 나와 효조를 비롯해 최동원, 심재원, 유남호, 이해창, 김재박, 이선희 등으로 구성된 멤버는 한국 야구 역사상 처음으로 세계대회에서 우승하는 감격과 영광을 맛보았다.

당시 니카라과는 숨이 막힐 정도로 더운 나라였다. 유니폼을 세탁해 밖에 널어놓으면 10여 분만에 마를 정도로 살인적인 더위였다. 얼마나 더운지 낮 경기는 아예 할 수 없었고, 더그아웃 옆에는 선수들의 더위를 식혀주는 에어컨이자 냉장고 역할을 해주던 얼음이 담긴 커다란 드럼통이 늘 준비되어 있었다. 이닝을 마친 선수들은 2루 도루를 하듯 얼음 드럼통을 향해 뛰어가 얼굴과 머리

1977년 니카라과 대륙간 컵 슈퍼 월드컵 대회 우승 멤버
앞줄 오른쪽 첫 번째가 장효조, 뒷줄 왼쪽 첫 번째가 임호균이다.

를 담그며 더운 열기를 식혔다. 머리가 커서 '짱구' 라는 별명으로 불리던 효조는 통 속에 머리를 담그면 물이 많이 튀어 나간다고 동료들이 농담 삼아 구박 아닌 구박을 하기도 했다.

하지만 작은 체구의 효조는 덩치 큰 외국 선수들과 경기를 펼칠 때마다 그들의 예상을 뒤엎고 야무진 안타를 때려내어 상대 팀의 정신을 쏙 빼놓으며 그라운드를 뒤흔들어놓았다. 효조는 시합이 끝난 뒤 외국 선수들과 뒤풀이로 커다란 생맥주집을 찾아가 500cc 한잔을 누가 가장 빨리 마시나 하는 시합을 할 때도 지지 않으려고 애쓰던 자존심 강한 친구였다.

1978년 이탈리아에서 열렸던 세계 야구 선수권 대회를 마치고 경유지로 프랑스 파리에서 2박을 할 때의 추억도 떠오른다. 때마침 효조와 같은 방을 쓰게 되었는데 "호균아. 으스스해서 방에 혼자 못 있겠어"라며 유난히 무서움을 타던 모습에서 늘 야무지게만 보이던 효조의 여린 속마음을 조금이나마 엿볼 수 있었다.

파리 체류기간 중에는 뜻밖의 해프닝도 있었다. 숙소 도착 후 선수단 전원에게 자유시간이 주어져 삼삼오오 시내 관광과 쇼핑에 나섰는데, 나와 효조를 비롯한 몇몇 선배, 동기들은 한국에서 볼 수 없었던 19금 영화인 〈엠마뉴엘〉을 보러 가게 되었다. 즐겁게 영화를 감상한 우리들은 상영관에 불이 켜진 순간 깜짝 놀랐다. 감독님과 코치님, 협회 임원들이 모두 그 영화를 보고 있었기 때문이다. 우리도 놀랐지만 그분들의 표정이 더 어색하고 불편해 보였다. 결국, 외출을 나갈 때는 각자였지만, 돌아올 때는 모두 함께 모여 귀가하는 팀워크를 과시했던 즐거운 추억의 한 장면으로 남아있다.

1982년 서울에서 열렸던 세계 야구 선수권 대회는 같은 해 프로야구가 출범하면서 순수 아마추어로 이루어진 국가대표 선수들이 마지막으로 참가하는 국제대회라는 나름의 의미와 중요성이 있었다. 그래서 나와 장효조를 비롯해 최동원, 심재원, 김재박 등 국가대표 주축선수 몇 명은 프로팀과의 계약을 대회 이후로 미루었다. 결국, 우리는 세계 야구 선수권 대회 우승이라는 쾌거를 올린 후 각자의 고향 팀과 계약해 이듬해부터 프로에 입문하게 되었다.

당시 알루미늄 배트에 단련된 효조가 프로 입단 후에 나무 배트에 잘 적응할 수 있을까에 대한 우려도 있었다. 하지만 효조는 아마추어에서 보여준 활약 그 이상의 실력을 선보이며 사람들의 의구

심을 한 방에 날려버렸다. 효조는 프로에 입문해서도 타격에 관한 한 최고의 선수임을 증명하며 최전성기의 기량을 마음껏 뽐냈다.

각자 다른 팀 선수로 뛰며 함께 경기할 때마다 효조와 종종 만나긴 했지만, 오래 얘기 나눌 수 있는 시간은 잘 생기지 않았다. 팬서비스 차원에서 지역을 옮겨가며 3차례 열렸던 올스타전 기간이 돼서야 상대 팀 선수가 아닌 옛 동료이자 친구로서 서로의 프로 생활에 관해 얘기 나눌 수 있는 자리가 주어졌다. 우리는 시합을 끝내고 술잔을 부딪치면서 대표팀 시절의 추억과 각자의 프로 생활, 새로 합류한 재일교포 선수들의 기량에 관한 얘기를 나누었다.

그때 나는 효조에게 투수로서는 솔직히 타자들이 나무 배트로 치니까 던지기 편해졌고 부담도 줄었는데 타자들은 나무 배트 감각을 익히기가 쉽지 않을 텐데 어떻게 적응하고 있는지 물었다. 효조는 아마추어 최고의 타자로 명성을 떨쳤기에 프로에 와서도 과연 그에 걸맞은 실력을 펼칠 수 있을까 의심하는 언론과 주위의 관심 때문에 초기에는 엄청난 스트레스를 받았다고 고백했다. 하지만 많은 사람들이 자신의 미래를 부정적으로 보는 분위기라서 오히려 더 오기를 품게 되었다고 했다. 그래서 방망이는 어차피 똑같다, 다만 재질이 틀린 것뿐이라고 생각하고 나무 배트의 무게중심을 잘 파악하면서 스윙 연습을 하면 오히려 배트 속도가 빨라질 수 있다는 자신감을 갖고 중고등학교 때처럼 연습에 연습을 거듭한 것이 좋은 결과로 이어진 것 같다고 말했던 기억이 난다.

간혹 시합 중에 내가 던진 공을 효조가 안타로 치고 1루에 나가면 농담 반 진담 반으로 일부러 "어이, 짱구! 3할 타자가 오늘 안타 하나 쳤으면 목표달성 했네, 다음 타석부터는 알겠지?" 하면서 엄포용으로 강한 견제구를 던지기도 했다. 우리는 사석에서는 친구 사이였지만 야구장에서는 서로의 팀을 대표하는 투수와 타자로 만나 수많은 승부를 겨루며 젊은 날을 보냈다.

한국 최고의 타자로 이름을 날리던 효조는 삼성의 대표적인 프랜차이즈 스타였지만 롯데로 트레이드되어 선수 생활을 마무리하는 아픔을 겪었다. 나 역시 삼미에서 롯데로 갑자기 트레이드되면서 혼란을 겪었던 경험이 있기에 그의 섭섭한 심정을 이해할 수 있었다. 트레이드는 구단의 고유 권한이고 팀의 전력 강화를 위해 반드시 필요한 부분이지만, 효조 같은 프랜차이즈 스타의 갑작스러운 트레이드는 선수 개인뿐만 아니라 그 팀을 아끼던 많은 팬들에게도 잊을 수 없는 상처로 남기 마련이다. 선수들은 평생 운동만 하며 살아왔기에 구단과의 계약이나 커뮤니케이션에서 어려움을 느낄 수밖에 없다. 그래서 구단과 선수 사이의 민감한 계약 문제 등을 대신해줄 수 있는 전문 대리인이 필요하지 않나 생각해본다. 프로야구 역사가 30년을 넘긴 최근까지도 매년 연봉 협상 시즌이 되면 계약을 둘러싼 잡음이 끊이지 않고 있다. 외국의 에이전트 제도 같은 제도적 장치를 도입한다면 운동 이외의 일에 서툴 수밖에 없는 선수들의 권익도 보호할 수 있고 훈련과 시합에 전력함으로써 불필요한 시간 낭비와 감정 소모를 피할 수 있을 뿐만 아니라 경기력 향상과 프로야구 발전에도 긍정적일 거라는 생각이 든다. 만약 장효조나 최동원이 선수로 뛰던 시절에 에이전트 제도가 있었다면 구단과의 커뮤니케이션이 좀 더 원활해져서 두 선수의 운명도 분명 달랐을 것으로 생각한다.

가끔 예전 동료들을 만날 때마다 우리가 10년만 늦게 태어났다면 요즘처럼 체계적인 훈련과 과학적인 선수 관리의 혜택을 받아서 더 나은 성적을 올렸을 거라는 얘기를 하곤 한다. 하지만 효조는 이승엽이나 양준혁, 이병규 등과 비교하더라도 오히려 더 높은 점수를 받아야 마땅한 최고의 타자라고 생각한다. 현역 투수 시절 그를 상대할 때마다 작은 거인이 타석에 들어서 있는 꽉 찬 느낌을 받아 던지기 곤혹스러울 때가 한두 번이 아니었다.

효조가 우리 곁을 떠난 지도 어느덧 1년이란 세월이 흘렀다. 타고난 실력이 아니라 남다른 노력과 집념으로 한국 최고 타자의 자리에 올랐고, 많은 후배들의 귀감이 되는 전설적인 선수로 영원히 기억될 그 이름, 장효조.

"친구. 조금만 기다리시게. 시간이 지나면 또 만나지 않겠는가?

사진 제공

장원우
표지, p.37, 51, 78~79, 88, 96, 104, 114~115, 123, 140, 171, 190~191

경향포토
p.6~7, 28, 44, 56, 71, 134, 149, 162, 174

임호균
p.178, 183

프로야구 레전드 1
타격의 달인, 장효조

1판 1쇄 인쇄 | 2012년 9월 1일
1판 1쇄 발행 | 2012년 9월 5일

지은이 최준서
펴낸이 김기옥

프로젝트 디렉터 기획1팀 모민원, 장기영, 권오준, 정경미
커뮤니케이션 플래너 박진모
영업 이봉주
경영지원 고광현, 김형식, 임민진

디자인 공중정원 박진범
인쇄 미르인쇄 | **제본** 정문바인텍

펴낸곳 한스미디어(한즈미디어(주))
주소 121-839 서울시 마포구 서교동 392-34 강원빌딩 5층
전화 02-707-0337 | **팩스** 02-707-0198 | **홈페이지** www.hansmedia.com
출판신고번호 제313-2003-227호 | **신고일자** 2003년 6월 25일

ISBN 978-89-5975-431-1   13690
     978-89-5975-430-4   (세트)

책값은 뒤표지에 있습니다.
잘못 만들어진 책은 구입하신 서점에서 교환해드립니다.